O AMOR está na REDE

ERICA QUEIROZ

O AMOR está na REDE

m.Books
M.Books do Brasil Editora Ltda.
Rua Jorge Americano, 61 - Alto da Lapa
05083-130 - São Paulo - SP - Telefones: (11) 3645-0409/(11) 3645-0410
Fax: (11) 3832-0335 - e-mail: vendas@mbooks.com.br
www.mbooks.com.br

Dados de Catalogação na Publicação

QUEIROZ, Erica
O amor está na rede
2011 – São Paulo – M.Books do Brasil Editora Ltda.

1. Autoajuda   2. Psicologia

ISBN: 978-85-7680-105-4

© 2011 M.Books do Brasil Editora Ltda. Todos os direitos reservados.

Editor
Milton Mira de Assumpção

Produção Editorial
Beatriz Simões Araújo

Coordenação Gráfica
Silas Camargo

Editoração
Crontec

Capa
W5 Criação e Design

2011
Proibida a reprodução total ou parcial.
Os infratores serão punidos na forma da lei.
Direitos exclusivos cedidos à M.Books do Brasil Editora Ltda.

Sumário

Prefácio   7

1. As pessoas têm medo de se relacionar atualmente   13
2. A idade certa para encontrar alguém   16
3. Buscar o amor desesperadamente   20
4. Estando bem com você mesmo!   23
5. Onde vou conhecer alguém?   27
6. Vencendo os medos de um relacionamento   31
7. Vencendo os medos da internet   33
8. Quem está na internet buscando amor?   35
9. Saiba o que você procura (ou, pelo menos, o que não quer!)   38
10. Qual o site de relacionamentos mais adequado para mim?   41
11. Algumas constatações relevantes   46
12. Criando o seu perfil   51

12.1. Foto   54

12.2. Frase de abertura e apresentação pessoal   59

12.3. Descrição do seu corpo   64

O Amor Está na Rede

12.4. Descrição de quem busca   66

12.5. Dados básicos   69

12.6. Informações gerais   73

13. Primeiras abordagens   80

13.1. Enviando e recebendo mensagens   85

14. Passando do site de relacionamentos para mensagens instantâneas e trocando telefones   103

15. Conhecendo pessoas em outras cidades   109

16. Identificando pessoas casadas   112

17. Identificando golpistas   115

18. Cuidado! Você está sendo... perseguido!   120

19. Viciados em namoro on-line   124

20. Vontade de desistir da busca   128

21. O primeiro encontro. E agora?   130

22. Quando a conversa não rola   137

23. Decepção total   140

24. O segundo encontro   142

25. Como agir de agora em diante?   144

26. Exemplos verídicos de finais felizes   147

Prefácio

Quis escrever este livro para acabar com um grande preconceito que existe por aí, que é o preconceito contra conhecer pessoas pela internet.

Antigamente, quando a internet dava seus primeiros passos no Brasil e também em alguns outros países, os recursos para se conhecer uma pessoa por meio dela eram muito precários. Você conseguia conhecer alguém através de salas de bate-papo de alguns portais, por exemplo, onde várias pessoas entravam ao mesmo tempo, e tinha que escolher uma delas para começar uma conversa, sem saber muito sobre a pessoa.

Para entrar numa sala de bate-papo, era necessário apenas criar um apelido. Não era possível adicionar fotos. As salas eram divididas por faixas etárias ou regiões, entre outros, e também havia salas para pessoas apenas interessadas em sexo. Havia um número máximo de pessoas por sala, cerca de 30 ou 40.

Todas as pessoas podiam digitar na tela principal da sala escolhida. Todas ao mesmo tempo! Imagine a confusão... Era possível enviar mensagens que todos lessem ou mensagens particulares, apenas para uma pessoa específica. Se você se interessasse por algo que alguém falou, podia abordar a pessoa e tentar uma conversa privada. Aí, se rolasse empatia, você podia combinar de ir para uma segunda sala com este indivíduo, permitida apenas para dois usuários, e ninguém poderia interromper – finalmente, um momento de privacidade.

Era muito chato ficar procurando alguém desta forma! Não havia informação nenhuma, previamente disponível, para que você pudesse escolher com quem falar. Se você começasse a conversar com alguma pessoa e não gostasse da conversa, podia se despedir e se reconectar ao site com um apelido diferente. Anonimato puro! Além disso, quem garantia que você estava mesmo falando com um homem que disse ser homem? Podia ser uma mulher brincando com você e vice-versa. Era completamente impossível saber quem estava do outro lado.

Naquela época, você podia conversar com alguém que havia conhecido pelo ICQ ou trocar e-mails (oficiais – com nome e sobrenome, por exemplo –, ou falsos – algo que não revelasse a sua identidade) e combinar outro encontro numa sala de bate-papo específica do site onde se conheceram, informando os apelidos que seriam usados para que pudessem se identificar facilmente.

Eu cheguei a conhecer algumas pessoas desta forma no ano 2000. O maior problema deste tipo de contato era que você nunca tinha visto a pessoa, nem por foto, então eu não tinha coragem de sair com alguém logo de cara. Mandar fotos por e-mail não era algo muito comum naquela época. A maioria das pessoas não tinha scanner, nem câmera digital. Às vezes, eu enrolava muito para conhecer alguém e acabava perdendo o interesse. Outras, saía com a pessoa e, apesar de ela não haver mentido sobre a sua aparência, eu havia idealizado alguém totalmente diferente. É óbvio que também devem ter sentido isso em relação a mim. Por mais que nos descrevamos bem, cada um cria um personagem na sua cabeça. Então, o processo era muito mais difícil do que hoje. Cheguei a fazer dois bons amigos nesse período e tive um relacionamento não muito duradouro com uma pessoa um pouco mais velha, com objetivos incompatíveis naquele momento.

Depois de um tempo, parei de conhecer pessoas pela internet. Não via mais graça naquele velho método. Mas, com o passar dos anos, o processo foi se aprimorando e vários sites de relacionamentos começaram a surgir.

A minha entrada em sites de relacionamentos, desses que têm o objetivo de procurar pela alma gêmea, ocorreu totalmente por acaso, no final de 2004. Tudo começou quando um amigo holandês, que tinha terminado um longo relacionamento havia pouco mais de 1 ano, me disse que seus amigos queriam que ele arrumasse uma namorada a todo custo, pois ele andava muito triste. Sem que ele soubesse, haviam criado um perfil para ele num site de relacionamentos e lhe passado o apelido, o e-mail utilizado e a senha para se conectar. Ele queria que eu opinasse sobre o seu perfil e me mandou o link. Dei minha opinião sobre a foto, somente, já que eu não falava uma só palavra do idioma. Brincando, ele me perguntou por que eu não me cadastrava lá também. De tanto que ele insistiu pelo Messenger, resolvi entrar na brincadeira e cadastrar meu perfil, num impulso de momento, muito mais pelo desafio de driblar as dificuldades de um site cujo idioma eu não dominava – e também para que meu amigo parasse de me importunar –, do que com o intuito de encontrar alguém – principalmente da Holanda, um lugar onde eu jamais teria interesse em morar (e muito dificilmente um holandês também estaria disposto a se mudar para o Brasil).

Com a ajuda de um tradutor on-line, preenchi o perfil todinho (as partes da descrição coloquei em inglês, mesmo). Em 3 dias, para minha total surpresa, recebi 115 mensagens, mesmo sem ficar conectada por muito tempo (depois vou explicar que quanto mais conectada uma pessoa ficar, mais exposição ela terá). E aí bateu uma curiosidade fortíssima: não resisti e paguei pelo acesso ao site. Em euros!!!

Às vezes, a comunicação com as pessoas do site holandês era muito ruim, visto que algumas delas não dominavam o inglês tão bem. Então resolvi me inscrever em um site inglês, para conversar com nativos, já que no trabalho minha prática do idioma estava muito reduzida. Mas como o site escolhido era muito restrito (eu teria que pagar para me corresponder com as pessoas), resolvi me cadastrar também num site americano.

A utilização de sites de relacionamentos internacionais fez com que eu ficasse mais familiarizada com este tipo de ferramenta e começou a abrir a minha mente para as infinitas possibilidades que ela pode oferecer – até mesmo fazer amigos do outro lado do mundo. Aliás, realmente fiz grandes amigos, que vim a conhecer pessoalmente numa viagem à Holanda. Um deles veio ao Brasil também, por outros motivos, e nos encontramos, confirmando a amizade.

Portanto, pode acreditar: tenho bastante experiência no assunto! Tanto em fazer novos amigos, quanto em procurar e encontrar um verdadeiro amor.

Prefácio

Quando você entrava numa sala de bate-papo, ninguém sabia quem você era. Não tinha foto, nem nenhum outro dado sobre você: o anonimato era mesmo total. Num site de relacionamentos, se você não mostrar a sua cara (com uma ou mais fotos), vai ter que colocar alguns dados pessoais. Claro que alguém pode mentir – mas hoje existem recursos como *webcam* (câmeras conectadas ao computador) e microfones, que tornam o "reconhecimento" do outro muito mais agradável.

Esta maior exposição de uma pessoa gera certo – ou muito – receio. Quando comecei a conhecer pessoas por meio de sites de relacionamentos, eu morria de vergonha. Tanto que nem pensei em entrar num site brasileiro, num primeiro momento, com muito medo de que algum conhecido me visse lá. Mas espera um minuto... Se o conhecido também estava lá, de que teria que me envergonhar?

Nesta época, eu havia acabado de retornar ao país, após ter morado algum tempo no exterior, e passei uma temporada na casa dos meus pais – saí da casa deles algum tempo após ter me cadastrado no site holandês. Desta forma, minha mãe e minha irmã, que sempre me viam teclando em inglês e fazendo comentários legais sobre as pessoas que eu conhecia, decidiram começar uma campanha para que eu me cadastrasse num site brasileiro, a fim de encontrar um namorado. Elas diziam: "assim, pelo menos, você não perde tempo com relações que não tendem ao sucesso". Para mim, foi praticamente tudo amizade, pois eu não tinha o menor interesse em ter algo com um estrangeiro, a não ser que ele morasse no Brasil.

Mas comecei a pensar no assunto com mais seriedade e, depois de uns 8 meses (quanta resistência!), criei um perfil num site brasileiro. Na semana seguinte, comecei a namorar alguém que conheci na vida "não-virtual" (vou chamá-la assim, pois apenas o contato é virtual – a vida, para mim, é sempre real!) e acabei me esquecendo do site. Depois de um tempo, estava sozinha novamente e resolvi voltar. Na verdade, estava meio decepcionada com o mundo (o que não ajuda nem um pouco a encontrar alguém) e acabei não usando muito o site. Dava uma olhadinha aqui, outra ali, e nunca achava ninguém interessante – eu confesso e já cansei de ouvi dizer que sou extremamente exigente, mas... Estava realmente difícil encontrar alguém que despertasse o meu interesse.

Também nunca paguei pelo site; assim, tinha que esperar que alguém entrasse em contato comigo para que eu pudesse responder – estava numa posição passiva, o que não é nada legal (talvez, no fundo, eu achasse um absurdo pagar para encontrar o amor – hoje, eu pagaria de olhos fechados, mesmo que fosse muito caro!).

Não estava levando o site muito a sério... Às vezes, levava uns 2 meses para entrar novamente. E levei mais de 6 meses para colocar minha foto lá! Você não imagina a diferença que isso fez...

Até que um dia, cerca de 1 ano após o meu ingresso definitivo no site, o amor bateu à minha caixa postal, quando eu menos esperava. Mas isso eu vou contar mais pra frente. Espero que não morra de curiosidade até lá!

1

As pessoas têm medo de se relacionar atualmente

Nos dias de hoje, existe um medo quase coletivo de relacionamento. Lemos o tempo todo que inúmeros casamentos falham, ou, em outras palavras, que o número de divórcios só aumenta. Gostaria de refletir um pouco sobre isso, mas também gostaria de lembrar que este não é o objetivo principal do livro.

Antigamente, as mulheres não trabalhavam e viviam apenas para cuidar da casa e dos filhos. A nossa geração (tenho 37 anos) e uma boa parcela da geração de nossos pais passaram por uma grande mudança social, que foi o fato de a mulher ganhar força e se integrar à sociedade econômica, passando a ter seu próprio salário e muito mais autonomia. Em muitos casos, hoje a mulher é a principal provedora da família.

Isso fez com que a mulher mudasse suas prioridades, talvez até dando menos importância ao relacionamento. Ou não se sujeitando às coisas a que costumava se sujeitar no passado, muitas vezes por saber que não teria como se sustentar depois.

Há alguns anos (no século passado mesmo), a mulher esforçava-se para que o casamento desse certo a qualquer custo, mesmo que tivesse que sofrer e levar uma vida infeliz ao fazer vistas grossas às eventuais escapadas ou mesmo às amantes frequentes do marido. Com a sua independência financeira, ela começou a ter mais "poder" para fazer novas escolhas. Mas, obviamente, não foi apenas isso que mudou.

Os homens, assim como as mulheres, também mudaram. As pessoas costumam falar sempre dos problemas que as mulheres têm para encontrar um parceiro, mas se esquecem que os homens também têm suas dificuldades. Você acha que é fácil para todos eles encontrarem o amor? Para se relacionarem com alguém? Muitos homens têm medo de mulheres que só estejam interessadas no seu dinheiro (claro que o oposto também existe). Outros têm medo do famoso "golpe da barriga" – "imagina se eu começo a me relacionar com ela e ela engravida para me amarrar?". Há ainda os que têm problemas na área sexual, como impotência (sim, pode ocorrer mesmo nos mais jovens!), vergonha do tamanho do pênis e ejaculação precoce, entre outros.

Não bastassem todos os medos ligados aos relacionamentos, para piorar, hoje vivemos no imediatismo. Queremos tudo e queremos agora. Não temos paciência para esperar. Somos a geração *fast-food* (comida rápida) – não é à toa que o *slow-food* (algo como "comer saboreando") começou a ganhar espaço ultimamente. Claro que estou generalizando, mas falo da regra, não da exceção. Desta forma, se o namoro ou o casamento não vai bem, uma das partes (ou ambas) já quer pôr um fim à relação. Vejo por aí que muita gente discute por qualquer besteira e se separa por

As pessoas têm medo de se relacionar atualmente

qualquer coisa também, simplesmente por não ter mais paciência para conversar, ver o que está ruim e, o mais difícil, tentar melhorar ou mudar.

Essa impaciência e esse imediatismo (há vários outros nomes e subdivisões para eles, mas prefiro englobar tudo sob estas duas palavras) geram uma enorme insegurança nos relacionamentos. Na verdade, a insegurança surge antes mesmo de o relacionamento começar: "será que ela gostou de mim?", "será que ele vai me ligar?", "será que sou gordo demais?", "magro demais?", "feio demais?", "burro demais?", "será que me comporto bem e estou à altura dele?". E assim nos encontramos numa sociedade um pouco perdida e confusa quando o assunto é relacionamento.

Precisamos nos lembrar de que relacionamento é como tudo na vida: como entrar na faculdade, por exemplo. Você fica cheio de expectativas, faz vários planos, pensa num futuro brilhante e, muitas vezes, acaba se frustrando e até mesmo mudando de carreira. Por isso, não desanime e não se desespere.

Antes de entrar em um relacionamento, é preciso que se perca o medo dele. Enquanto isso não acontece, nos boicotamos (geralmente de modo inconsciente) e fazemos tudo que está ao nosso alcance para que não dê certo. E depois nos perguntamos por que nenhum de nossos relacionamentos tem futuro.

Vença o seu medo aos poucos. Tome o tempo que for necessário – isso não acontece da noite para o dia. Um ótimo modo de perder o medo é começar, com calma e sem pressa, a fazer algo novo. E você pode começar escolhendo um site de relacionamentos para se cadastrar, por exemplo. Explicarei, mais adiante, como fazer isso.

2

A idade certa para encontrar alguém

Como sabemos, a sociedade é um universo de cobranças, dia após dia. Se não namoramos alguém, nos perguntam quando vamos finalmente arrumar um namorado. Quando temos um namorado, nos perguntam quando vamos nos casar. Quando nos casamos, perguntam quando teremos o primeiro filho. E depois, o segundo. E assim a vida prossegue, com infinitas cobranças, o que pode contribuir muito para a nossa chateação.

Quem nunca foi a uma festa e se sentiu o patinho feio, por ser a única pessoa desacompanhada? Quem nunca ouviu alguém dizer... "tão bonita, tão inteligente... mas sempre sozinha!". Ou "tão bem de vida, interessante, mas não leva as mulheres a sério"? E quem falou que a pessoa em questão não está superfeliz sozinha, naquele momento, ou mesmo para sempre? (Não que eu julgue isto como a situação ideal, mas pode acontecer).

Muita gente diz que se uma mulher passa dos 30 anos sem se casar, provavelmente está condenada a uma vida horrível de solidão.

A idade certa para encontrar alguém

Primeiro: algumas pessoas vivem melhor sozinhas do que acompanhadas. Ou acham que vivem, pois nunca se deram a chance de ter um relacionamento. Simplesmente, há pessoas que são extremamente egocêntricas e não têm espaço em sua vida para outro alguém. E são felizes assim, oras. Talvez elas fossem ainda mais felizes acompanhadas, mas quem poderá garantir? Segundo: não existe idade certa para encontrar o amor. Definitivamente... Não existe! E fique feliz: não existe limite de idade, tampouco.

Outro dia reencontrei uma mulher que foi minha professora quando eu era criança. E descobri que ela se dedicou ao trabalho e à mãe doente durante grande parte de sua vida, deixando a vida amorosa de lado. Aí encontrou alguém quando tinha quase 50 anos e depois de um tempo se casaram. Hoje, já são casados há mais de 5 anos e extremamente apaixonados... E foi seu primeiro casamento! E as pessoas que se casam aos 60? Aos 70? E aos 80 anos? O amor está por aí e pode aparecer quando menos esperamos. Quantas pessoas se separam já idosas e encontram um novo amor? E quantos viúvos conseguem uma nova oportunidade de serem felizes? Muitos deles.

É claro que, com o passar do tempo, as opções de candidatos disponíveis diminuem e as exigências só aumentam. É isso que torna mais difícil encontrar alguém com o passar dos anos. Mais difícil, sim. Impossível, nunca!

Hoje, algumas mulheres (lembre-se de que, apesar de haver preconceito com relação ao homem, aquele em relação à mulher costuma ser muito maior: encalhada, titia, trintona, quarentona, vovozinha... – enquanto o homem está mais para: garanhão, sedutor, tigrão etc.) priorizam a carreira. Optam pelo trabalho e pelos estudos, deixando os relacionamentos para o momento em que a vida profissional já estiver encaminhada. E o que acontece? Muitas de suas amigas já se casaram, então elas não têm muita companhia para sair e conhecer novas pessoas, e muitos homens de sua idade já não estão disponíveis também.

Alguns homens também passam por processo semelhante: às vezes, chegam aos 35 ou 40 anos e não se casaram. Simplesmente porque seus relacionamentos anteriores não deram certo e a tão sonhada alma gêmea ainda não apareceu. Tenho um amigo que teve três namoros longos, mas não se casou com nenhuma dessas mulheres. Aos 37 anos, conheceu a mulher de sua vida e se casou aos 39. Qual o problema? A cobrança da sociedade! Ele era muito cobrado e me dizia que algumas pessoas começavam a pensar que ele era gay... E se ele fosse, ninguém tinha nada a ver com isso, oras! Tenho outro amigo que hoje está com 43 anos e não encontrou sua alma gêmea. Não cabe a mim julgar se ele tem algum problema ou não, mas ele estava ficando tão neurótico ao se aproximar dos 40, que pensava em dizer às novas possíveis futuras namoradas que ele já tinha morado com alguém, para não parecer um "extraterrestre". Complicado...

Pare para refletir um pouco: quando você é adolescente e quase ninguém namora, a possibilidade de encontrar alguém de uma idade próxima à sua, totalmente desimpedido, é enorme. Quando você chega perto dos 30 anos (creio que, em média, as pessoas se casam entre 25 e 32 anos), as opções diminuem sensivelmente. Isso é um fato que não pode ser mudado. Mas, outra vez, não significa que não haja alguém disponível para você.

Mas é aí que o desespero se instala: chega um sábado à noite, você quer sair (isso vale para os homens também) e não consegue encontrar ninguém para lhe acompanhar. Aquele seu amigo bacana vai sair com a namorada, o outro vai jantar na casa dos sogros, e o único amigo solteiro que restou saiu na noite anterior, bebeu demais e ainda está se recuperando da ressaca. Então o pensamento: "minha vida amorosa está fadada ao fracasso" invade você. Muita calma... Pare para pensar em quantas pessoas você conhece por aí que encontraram alguém quando menos esperavam. Se isso aconteceu com elas, também poderá acontecer com você.

Lembre-se: nunca é tarde para encontrar o amor!

3

Buscar o amor desesperadamente

Um dos maiores erros que as pessoas cometem é o de buscar o amor a qualquer custo, na primeira pessoa mais interessante que aparecer à sua frente. Acredite: muitas vezes a autoestima de um indivíduo está tão baixa que ele acaba achando que uma determinada pessoa, que jamais despertaria seu interesse numa situação normal, é o amor de sua vida. E assim, numa sucessão de erros, mete os pés pelas mãos e se frustra ainda mais.

Para quem está vendo a situação de fora, o desespero de um amigo ou amiga chega a despertar uma agonia imensa: já tive amigas que me ligavam várias vezes por dia para perguntar se eu achava que um determinado cara estava a fim delas. Mas elas mesmas tinham a resposta convincente (a que queriam ouvir) para essa pergunta: "Ah, ele fez isso, isso e aquilo. Então é óbvio que ele está a fim de mim". E, em 90% das vezes (ou mais), os caras não estavam a fim delas. Tem horas que dá vontade de você

Buscar o amor desesperadamente

sacudir a pessoa e falar: "preste muita atenção: ele não está a fim de você". E quer saber de algo? Outro dia fiz isso com uma amiga que estava alugando a minha paciência. Mesmo depois disso, ela ficou numa boa comigo (achei que fosse me colocar em sua "lista negra"), mas continuou a apostar no cara. Nem preciso dizer que eles nunca tiveram um relacionamento sério; apenas dois ou três encontros e ele pulou fora. E aqueles amigos que passam anos a fio interessados numa mulher que nem sabe que eles existem? Ou, se sabem, é só para dizer: "ah, aquele chato...".

Parece que o lado mais psicopata do mundo aflora nessas pessoas e elas acabam perseguindo as suas vítimas desesperadamente. Se você está saindo com alguém e quer ligar para combinar algo, ligue apenas uma vez. Se a pessoa não retornar depois de 2 horas e o compromisso tiver um horário fixo, ligue uma segunda vez e, se ela não atender, deixe um recado do tipo "eu ia te convidar para ir ao teatro comigo, mas agora infelizmente não dá mais tempo e irei com um amigo. Nos falamos depois". Não persiga a pessoa! E deixe-a saber que tampouco está sob o domínio dela. Lembre-se sempre: você tem uma vida própria. E não vai deixar de sair – seja com ou sem a pessoa. Se for com, ótimo. Se for sem, talvez possa ser melhor ainda, pois pode ser uma chance de você conhecer alguém ainda mais interessante! E, se depois de dois telefonemas não atendidos a pessoa não retornar a ligação, esqueça-a!

Um conhecido meu ligou para a mulher com que estava saindo apenas sete vezes num intervalo de 1 hora. Ela estava em reunião e imaginem o que não pensou ao ver sete chamadas perdidas do "perseguidor". Não, ninguém tinha morrido. Ele só queria mesmo falar com ela e estava preocupado porque ela não atendia o celular. Você sairia outra vez com alguém assim? Namoraria? Casaria com uma pessoa que tivesse um comportamento desses? De novo, a regra diz que não. Demorou algum tempo para ele entender por que a moça desapareceu.

Geralmente, as pessoas que buscam o amor desesperadamente demostram grande ansiedade, a qual será percebida por seu interlocutor. Ligam várias vezes para a pessoa em quem estão interessadas, mandam e-mails e tentam puxar conversas on-line. Muitas já falam sobre planos de casar e ter filhos num primeiro encontro. Falar sobre planos é ótimo e mostra que você se preocupa com o futuro. Mas falar sobre planos que podem envolver a pessoa que você acaba de conhecer é terrivelmente assustador – mesmo que seja um caso de amor à primeira vista e recíproco. Tenha ainda mais cuidado se a pessoa já tiver sido casada e tiver filhos – provavelmente, ela está com muito medo de se machucar de novo, então vai procurar alguém que tenha paciência para mostrar que vale a pena uma nova tentativa.

Se você estiver desesperado, vai atrair um monte de pessoas erradas para a sua vida. E também vai afastar as pessoas boas e interessantes, que poderiam ser certas para você. Se algo começa mal, dificilmente vai acabar bem. Portanto, colabore!

4

Estando bem com você mesmo!

Não adianta nem pensar em conhecer alguém se você não estiver bem com você mesmo. Essa história de que atraímos pessoas com a mesma energia é a mais pura verdade.

Você já passou por fases em que todas as tentativas de relacionamento que tem terminam em fracasso? Pense bem: existe um denominador comum a todas elas? Hum... Sim! E é você! Então talvez você, inconscientemente, esteja se boicotando. É, nós fazemos isso, sim. Eu mesma me boicotei por muito tempo. Mas no dia em que você resolve se focar em você mesmo e não no outro, parece que o outro "se sente" à vontade para chegar.

Não fique obcecado pelo encontro da alma gêmea. Pode ser que ela esteja a 5 minutos, a 5 horas ou a 5 dias de você. Mas, talvez, esteja a 5 anos. Então, para que você vai viver com este peso nas costas? Quanto mais você forçar, mais a afastará. A ansiedade não ajudará em nada.

Você simplesmente tem que estar pronto para quando isso aconteça. Preste mais atenção em você. Acha que isso soa egoísta? Então como você vai amar alguém, se não consegue amar a si mesmo? Como você vai dar algo a alguém se não consegue dar a si mesmo, a pessoa que você mais conhece no mundo, a que você sabe (ou deveria saber) tudo de que ela precisa? Aquela que está dentro de você!

Tente se lembrar da última vez em que começou um relacionamento mais duradouro, se você já teve um (digamos um relacionamento que tenha durado por, no mínimo, 1 ano). Como você se sentia? Faça uma força para se lembrar... Aposto que estava muito bem, não? Eu me lembro que, quando comecei o meu relacionamento atual, estava num dos momentos mais felizes da minha vida. Feliz com meu corpo, com a minha vida, com meus amigos, a cabeça legal... Sentia-me completa! Foi assim que o amor viu as portas abertas para chegar.

Sugiro que você faça o seguinte exercício: todos os dias, reserve um tempo para si. Pense no porquê de uma pessoa se interessar por você. Ah, está difícil? Não consegue pensar em nada? Não é possível que você seja tão ruim ou desqualificado assim. Há tantos predicados por aí... Tenho certeza de que você possui muitos deles; apenas estão ofuscados no momento por alguma razão que não cabe a mim adivinhar.

Reserve 5 minutos todos os dias para se olhar no espelho e fazer alguns elogios a você mesmo. Pode ser de manhã, quando você acorda. Imagine que coisa boa: receber elogios logo depois de despertar... O dia já começará bem melhor! Se você não estiver acostumado a receber elogios, vai estranhar muito isso, mas depois vai começar a se sentir mais confortável com a situação. E, no final, mais confiante, aumentando a sua autoestima. Olhe-se bem. Veja detalhes do seu corpo. Repare no contorno dos seus lábios, no formato do rosto e do corpo, em suas pernas etc. Lembre-se de que até aquele pneu na sua barriga tem um charme. E tem alguém que vai adorá-lo! Veja o que gosta no seu corpo, o que não gosta, mas não se critique. Aceite-se como é. É um exercício simples e você vai ficar impressionado com a mudança obtida em sua vida.

Outro exercício que sugiro é colocar num papel os motivos pelos quais uma pessoa sairia com você. Se parecer muito difícil fazer isso, sua autoestima está precisando ser lustrada – esse tipo de exercício é ótimo para aumentá-la! Comece a pensar no que você tem a oferecer a um possível companheiro: bom papo, cultura, inteligência, amizade, carinho, companhia, diversão, momentos felizes, gentileza... Pense no que os seus amigos diriam sobre você: "Ah, João é uma pessoa divertidíssima; sempre damos boas risadas quando ele está por perto" ou "Beatriz é uma pessoa extremamente carinhosa, que se preocupa com todos à sua volta". Enfim, dessas lembranças resultará uma lista com os motivos pelos quais alguém gostaria de sair com você. Leia esta lista todos os dias, várias vezes ao dia (vai levar pouquíssimos minutos no total). E tente, diariamente, adicionar um novo item à sua lista. Quando você começar a se sentir melhor, vai ver que os itens virão espontaneamente à sua cabeça. No entanto, além de se lembrar de mais uma qualidade sua, você também deve, o que é ainda mais importante, desenvolver novas qualidades. O que seria isso? Você imaginar os seus piores defeitos e transformá-los pouco a pouco. Exemplo: "estou sempre de mau humor". Então, cada vez

O Amor Está na Rede

que você sentir o mau humor chegar, deve tentar não descontar a sua ira nas pessoas ao redor, e ao mesmo tentando se conscientizar de que o mau humor não leva a nada. Assim, com o tempo, vai deixando de ser uma pessoa mal-humorada e talvez até se transforme numa pessoa mais bem-humorada. Então você terá adquirido uma nova qualidade! Este exercício é revelador... Pratique!

Lembre-se: enquanto não souber o que existe de bom em você para oferecer aos outros, é melhor nem começar a procurar o amor. Porque o amor verdadeiro deve ser procurado dentro de si mesmo, nunca no outro. Não é ótimo ter o poder da sua própria vida em suas mãos? Experimente!

5

Onde vou conhecer alguém?

Quando somos bem jovens, parece que a coisa acontece naturalmente. Nunca pensamos onde vamos conhecer alguém. Mas, quando estudamos, por exemplo, estamos em contato com várias pessoas que, possivelmente, têm uma situação socioeconômica bem parecida com a nossa, o que facilita muito as coisas.

Muitas pessoas também encontram o amor no trabalho, apesar de ser algo terminantemente proibido em várias empresas. Outras o encontram na igreja, no clube, enfim, nos lugares que frequentam ou por meio de amigos comuns. Tenho um amigo que diz que a irmã se arruma até para ir à padaria, pois nunca sabe quem poderá encontrar no caminho. E ela está certíssima! Não se feche: há gente que encontra o amor num trem, num parque, num museu, num supermercado! Qualquer lugar é lugar; qualquer hora é hora!

E aí começam os preconceitos: "não há pessoas sérias 'na balada', apenas pessoas que querem curtir uma única noite" (lembre-se: se você é sério e está na balada, é bem provável que haja outras pessoas lá na mesma situação, que talvez tenham ido para a balada apenas para encontrarem os amigos ou para não ficarem em casa sozinhas), ou "não vou me matricular em curso nenhum, pois somente pessoas muito jovens devem frequentá-lo" (pesquise antes – há pessoas de 60 anos que vão fazer uma segunda faculdade, uma pós-graduação, um curso de especialização qualquer, um *workshop*...), ou ainda (e essas são as que mais me irritam!) "na internet só tem gente maluca" ou "na internet só tem gente desesperada".

Desesperada? Por querer encontrar o amor? Qual o desespero nisso? Quase todas as pessoas que conheço querem ter (ou já têm) alguém para compartilhar uma vida amorosa feliz. Muita gente acha que só quem não tem capacidade para encontrar o amor no mundo "não-virtual" se inscreve num site de relacionamentos, sendo esta sua última esperança. "Que vergonha!", pensam ou dizem. Vergonha deveria sentir quem acha isso. Pense num emprego: se você não o encontra através de amigos ou conhecidos, você se cadastra numa agência de empregos. E, muitas vezes, até paga pelo serviço. O mesmo vale para a busca de um relacionamento. Portanto, refaço a pergunta: "Qual o desespero ou vergonha nisso?".

Quanto às maluquices, caro leitor, lembre-se de que as pessoas que estão na internet são de carne e osso, pessoas como você, seus amigos, seus conhecidos, seus vizinhos e os desconhecidos que você encontra por aí também. Nunca se pode saber se alguém que entra na sua vida através da internet vai ser melhor ou pior que alguém do seu trabalho, da sua igreja etc. Você pode, sim, conhecer "malucos" na internet. Como também pode conhecer muita gente bacana. Da mesma forma que você pode conhecer ambos na vida "não-virtual". Lembra-se do maníaco do parque? Ele seduzia as mulheres apenas com sua conversa e sua fala mansa: cobria a vítima de elogios, dizia que era um caça-talentos e que faria uma sessão de fotos com a mulher em questão, a qual subia na garupa de sua moto sem sequer conhecê-lo. E as maníacas que escreviam cartas a ele, quando o mesmo já estava preso? Realmente, não é a internet que vai cunhar o caráter de uma pessoa. E, pela internet, com tempo de sobra para análise de qualquer pessoa, fica mais fácil livrar-se de possíveis psicopatas do que no mundo "não-virtual".

Uma reflexão: existe lugar mais confortável para conhecer alguém do que dentro da sua própria casa? Sem precisar ter que se arrumar, talvez comprar uma roupa nova, fazer as unhas, a barba, arrumar o cabelo, pegar trânsito, conhecer um monte de gente chata ou não conhecer ninguém e, o melhor: no horário que você quiser? Além de que, se você sair, com sorte talvez encontre uma ou duas pessoas que lhe agradem. Não mais do que isso. Na internet, você terá uma lista de pessoas pré-selecionadas de acordo com critérios escolhidos por você mesmo!

Para as pessoas solteiras mais jovens, que trabalham muito e não têm tempo para expandir seu círculo de amigos atual, a internet é um meio incrível para fazer novos contatos no tempo livre. Para os solteiros mais velhos, mesmo os separados, divorciados e viúvos, cujo círculo social dificilmente irá se ampliar, a internet é também um meio extremamente útil de conhecer outras pessoas disponíveis, da mesma faixa etária, mesmo que em outras cidades.

Para os tímidos, a internet também pode ser um fator de "alavancagem". Por estar, de certo modo, anônimo, o tímido se solta mais e pode mostrar o seu melhor lado, aquele que talvez nunca tivesse coragem de mostrar a alguém que conhecesse num bar ou numa festa.

Na minha opinião, a internet acaba até nos dando uma segurança maior por alguns fatores:

- você tem mais tempo para conversar com a pessoa (você determina o prazo que lhe dará segurança para conhecer a pessoa cara a cara);
- você tem mais meios para checar se o discurso é consistente (exemplo: a pessoa diz que é solteira, mas nunca entra na internet à noite ou nos finais de semana);
- você pode ver a pessoa por uma *webcam* e saber se realmente é um homem ou uma mulher, como diz ser, e se sua foto e descrição física são fieis à imagem da câmera;
- você pode falar por microfone e sentir se a voz da pessoa parece ser confiável, firme etc.
- você pode descobrir seu nome e sobrenome e pesquisar sobre ela na internet...

Enfim, se você parar para pensar e deixar o preconceito de lado, talvez perceba que, através de um site de relacionamentos, fica mais fácil conhecer e avaliar uma pessoa do que se você a conhecesse num bar, por exemplo, onde apenas a aparência é o que conta num primeiro momento.

6

Vencendo os medos de um relacionamento

Muitas pessoas apresentam medo de um relacionamento já na fase da adolescência. Outras vão ficando mais medrosas com o passar dos anos e o acúmulo de más experiências em relacionamentos passados.

Se você tiver medo de um relacionamento, acredite em mim: muito provavelmente, nenhum potencial relacionamento dará certo. Porque as inseguranças já serão sentidas logo no início e, geralmente, é mais fácil "pular fora" no começo do que aguentar o que está por vir depois (algo que poderia ser muito bom, por sinal, mas o medo lhe impediu de perceber e de viver isso).

Esteja preparado para receber o amor. Ele é uma coisa boa, tranquila e que nos faz sentir mais vivos. Então, por que ter medo dele? Mesmo que um relacionamento não dure muito tempo, ele pode ter sido muito bom enquanto durou e é disso que você precisa se lembrar.

Claro que se colocamos o dedo na tomada uma vez e tomamos um choque, não vamos querer colocar o nosso dedo em risco uma segunda vez. Mas nos relacionamentos é diferente, porque as "tomadas" (pessoas) envolvidas também são diferentes.

O medo, em si, não é algo ruim. Muito pelo contrário: ele nos impede, muitas vezes, de tomar decisões erradas e também ajuda a nos proteger. Ele deve ser encarado como um farol amarelo: você deve estar atento! No entanto, ao conhecer melhor uma pessoa e ir se sentindo confortável ao lado dela, o farol amarelo deve ir mudando para o verde e o medo, perdendo espaço. Se, no entanto, você sentir que a pessoa que se aproxima não será boa para você, acenda o farol vermelho e se preserve. Mas não tenha medo de tentar. Em minha opinião (e acho que muita gente concorda com isso), perdemos muitas possibilidades na vida por medo de tentar.

Não sei de quem é esta frase, mas nunca me esquecerei dela. Ela sempre vem à minha mente quando sinto medo de alguma coisa. Uma vez, na minha adolescência, estava com muito medo de fazer algo e disse à minha mãe que iria desistir. Mais tarde, no mesmo dia, ela deixou um bilhete no meu quarto, que dizia: "desistir, antes mesmo de tentar, não seria assumir desde já o seu fracasso?". Essa frase me tocou tanto, que depois de mais de 20 anos (imagine!!!) me lembro sempre dela.

Cadastre-se num site de relacionamentos somente quando estiver tranquilo e sem muitas neuras. A não ser que você queira apenas se cadastrar para ver como é o funcionamento do site. Mas se você estiver com um medo enorme de se envolver, não vá à procura do amor. É melhor procurar um psicólogo e tentar descobrir de onde vem esse medo e vencê-lo. Afinal, sentir medo só vai lhe fazer perder tempo na busca daquele alguém tão especial...

7

Vencendo os medos da internet

Quase todos nós temos medo daquilo que é novo. Mas este medo pode ser facilmente vencido com um pouco de treino. É como quando aprendemos a andar de bicicleta: começamos com as duas rodinhas de apoio, depois retiramos uma delas e, para termos a continuidade da segurança, pendemos o corpo para o lado da rodinha remanescente. Até que, finalmente, a segunda rodinha é removida e nós temos que nos equilibrar para não cairmos. É assim que acontece com a internet também. Se você já é um usuário antigo da internet, que faz ou já fez algumas compras virtuais, parabéns! Seu caminho para conhecer alguém virtualmente será bem mais fácil. Se você não tem experiência nenhuma com compras na internet, por ter medo de expor seus dados, acho que este é um bom caminho para você começar a se familiarizar com a experiência on-line.

Primeiramente, escolha um site confiável, de alguma loja que você conhece fisicamente no mundo "não-virtual" (de preferência, os grandes magazines que existem por aí) e faça a sua primeira compra virtual. Não tenha medo de usar seu cartão de crédito se o site for de uma empresa conhecida – estas empresas usam sistemas de pagamento extremamente seguros e é muito difícil ocorrer alguma violação nos mesmos. Compre algo bem baratinho, só para fazer o seu primeiro teste. Algo de quinze reais, por exemplo: um aparato de que você necessite para a sua cozinha, um livro, um CD, um remédio numa farmácia on-line. Qualquer produto de uma empresa em que você confie. Faça seu cadastro e realize a sua primeira compra. Então, é só esperar o seu produto chegar. E você se sentirá feliz e vitorioso quando isso acontecer; pode apostar.

Numa segunda etapa, comece a se familiarizar mais com os sites de relacionamentos. Procure vários sites, blogs relacionados ao assunto e vá se sentindo mais confortável com o tema. Os sites de relacionamentos geralmente possuem um psicólogo para responder as dúvidas dos assinantes, além de divulgar gratuitamente uma lista de dúvidas mais frequentes. Não perca tempo: leia tudinho e, caso não encontre alguma resposta, pergunte o que for necessário (geralmente, há a necessidade de registro para isso – algo bem simples, em que você fornecerá pouquíssimos dados, como nome e e-mail, por exemplo). Como sempre ouvimos por aí, nenhuma pergunta é idiota e você vai ver que muitas de suas dúvidas já estão respondidas ali.

Leve o tempo que for necessário: se você está esperando seu príncipe (ou princesa) encantado a vida inteira, não será 1 mês (ou 2, ou 3) que vai te atrapalhar. É bom estar tranquilo e seguro na hora de começar a sua busca; assim você não passará sua ansiedade adiante, querendo conquistar o primeiro sapo (ou dragão) que aparecer pela frente e se frustrando completamente ao investir em alguém que nem é quem você procura.

8

Quem está na internet buscando amor?

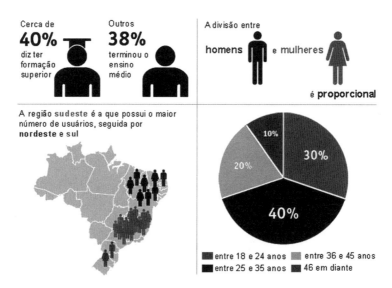

Fonte: Site Revista Veja – 23/10/2009

Como podemos ver no quadro anterior, num estudo publicado pelo site da Revista Veja, o número de homens e mulheres é proporcional.

Obviamente, o maior número de usuários de sites de relacionamento vem da região Sudeste, onde se concentra a maior renda do país e, portanto, a maior facilidade de acesso à internet e de recursos para pagamento do serviço.

Quase 80% dos usuários informam ter concluído o nível médio, sendo que cerca de 50% desses usuários informam também ter formação superior.

Os mais jovens utilizam mais este tipo de site – hoje, muitas crianças já têm aulas à frente de computadores. Então os jovens estão cada vez mais familiarizados com a internet, conectando-se mais. Em alguns anos, estes jovens estarão mais velhos e, assim sendo, quase todas as pessoas estarão familiarizadas com a rede (hoje muitas pessoas acima de 60/65 anos mal sabem ligar um computador – se você for uma delas, está aí um novo desafio que, com um pouquinho de esforço e boa vontade, poderá ser facilmente vencido!).

A maior concentração de visitas aos sites de relacionamentos está na faixa entre 18 e 35 anos, a fase mais crítica nos dias de hoje, quando as pessoas são mais cobradas (mesmo que seja por si mesmas) a encontrar alguém – esta cobrança aumenta mais quando a pessoa está próxima ou tem mais de 30 anos. Os mais jovens, como mencionado no parágrafo anterior, estão tão à vontade com a internet que começam a cadastrar-se em sites de relacionamentos já aos 18 anos.

Também já se vê uma quantia considerável de pessoas acima de 36 anos buscando relacionamentos na internet (30%), sendo que, provavelmente, muitas já foram casadas e estão à procura de um novo amor.

Um fato a ser lembrado, que não foi detalhado nesta pesquisa, é que há também muitos homossexuais, pessoas casadas ou comprometidas, separadas, viúvas e solteiras buscando parceiros na internet. Portanto, há opções para todos, não importando o sexo, a preferência sexual, o nível socioeconômico e o estado civil.

Consegui convencê-lo de que poderá achar seu amor na rede?

9

Saiba o que você procura (ou, pelo menos, o que não quer!)

Encontrar a pessoa ideal on-line é como ditar a um estilista o modelo de vestido ou de terno que se quer fazer, por exemplo. Você escolhe o tecido, a cor, o modelo, o comprimento, a largura, se tem manga ou não, se tem gola ou não, e assim por diante. Encontrar alguém on-line é assim também: os sites de relacionamentos disponibilizam mil e uma ferramentas para refinar a sua busca. Você pode escolher as pessoas, por exemplo:

- pela idade (ex.: de 30 a 40 anos);
- pela escolaridade (ex.: superior incompleto, superior completo, pós-graduado, mestre...);
- pela religião;
- pelos hobbies;
- pela localização geográfica;

- pela tendência política (apenas alguns sites oferecem esta opção);
- pela altura;
- pelo peso etc.

Você pode até escolher uma pessoa pelos idiomas que ela fala. Parece estranho, não? Mas é assim mesmo que funciona.

Os sites oferecerão estas opções e várias outras, de modo que você possa definir sua busca como quiser. Obviamente, quanto menos você a estreitar, mais candidatos aparecerão nos resultados. No entanto, quanto mais você a limitar, encontrará menos pessoas, mas talvez mais próximas daquilo que você procura.

Muitas vezes não sabemos exatamente o que queremos, mas saiba pelo menos o que você NÃO quer. Isso já reduzirá em muito a sua busca. Ex.: não quero uma pessoa sem formação superior. Aí você já seleciona os níveis a partir deste, incluindo o mesmo. Se você é nutricionista, médico, ou alguém que se preocupa muito com a saúde, poderá eliminar as pessoas que bebem (muito), que fumam e que estão acima do peso. Você também pode eliminar as pessoas que não seguem a sua religião. Portanto, os sites de relacionamentos lhe permitem buscar possíveis candidatos a relacionamento das mais diversas formas que se possa desejar. Você poderá excluir as pessoas de outras cidades, as que não se exercitam e até mesmo as pessoas que não puseram foto no perfil ou foto(s) adicional(is). Isto faz com que você se aproxime das pessoas que julgar mais compatíveis com você.

Assim, os candidatos que aparecerão na sua busca estarão exatamente de acordo com os critérios pré-selecionados, facilitando o encontro de pessoas com quem você possa ter mais afinidades.

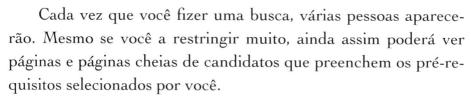

Cada vez que você fizer uma busca, várias pessoas aparecerão. Mesmo se você a restringir muito, ainda assim poderá ver páginas e páginas cheias de candidatos que preenchem os pré-requisitos selecionados por você.

É importante que você olhe e leia perfil por perfil, pois muitas informações já são passadas ali. Veja também se não há inconsistências – por exemplo: a pessoa diz que é loira e tem cabelos curtos e na foto aparece alguém que em nada se parece com isso. Pessoas mentem idade, altura e, principalmente, o peso. Pesquisas dizem que as mulheres mentem mais sobre o peso do que os homens. Homens costumam mentir mais sobre idade, altura, o que estão buscando e fatores relacionados ao dinheiro, como propriedades e salários. Preste atenção aos detalhes.

Preste também muita atenção aos perfis que você não selecionou, mas cujos candidatos se interessaram por você e enviaram uma mensagem. Pode ser que a pessoa fume, beba com frequência e nem mesmo seja da sua cidade. E talvez você não queira nada disso.

Defina bem o seu objetivo: se você quer um relacionamento sério, sexo, amizade... E veja também o objetivo de quem te aborda. Se a pessoa não tiver o mesmo objetivo que você, para que continuar o contato?

10

Qual o site de relacionamentos mais adequado para mim?

Hoje, já existem vários sites de relacionamentos e este número está sempre aumentando. Existem sites segmentados até por raça e religião (católicos, judaicos, evangélicos, muçulmanos, para pessoas negras...). Existem outros, ainda, que são voltados às pessoas que buscam apenas sexo. Outros para pessoas com mais de 40 anos, outros de 50 e assim por diante. Tem até sites de relacionamentos que só aceitam pessoas bonitas (como se algumas fotos pudessem realmente dizer se a pessoa "X" é bonita e a "Y" é feia, ainda mais em tempos de Photoshop...). A propósito, um deles já oferece até banco de espermas, caso o seu sonho seja ter um filho bonito! Mas os que se sentirem excluídos do mundo dos belos também já podem ter seu lugar ao sol: os britânicos criaram um site de relacionamentos apenas para pessoas feias! Há também sites voltados às preferências sexuais:

gays, lésbicas e simpatizantes. Outros voltados para amantes de animais, amantes de ficção científica, amantes de vinho... E, além destas, existem outras segmentações. Criatividade é o que não falta! Para se ter uma ideia, o mercado de relacionamentos on-line cresce tanto que já há um site que avalia a compatibilidade dos candidatos através de testes de DNA!

Alguns tipos de sites listados acima ainda não chegaram ao Brasil – mas logo devem estar por aqui, caso façam sucesso no exterior. Aliás, se você falar outros idiomas, pode se cadastrar num site estrangeiro também. Mesmo que seja apenas para fazer amizades – existem sites com a finalidade de fazer amigos. Quando me cadastrei nos sites internacionais, fiquei impressionada com a quantidade de brasileiros que encontrei por lá – a maioria morando no Brasil (talvez procurando um "passaporte" para sair do país).

Defina que tipo de site você quer. Se for o caso, opte por um mais genérico, que não ofereça nenhuma segmentação – assim você vai se familiarizando e depois poderá escolher um site mais direcionado.

Mas, se optar pela segmentação, não se deixe enganar – muitos anunciantes compram palavras no sistema de busca Google (não vou explicar o que isso significa, pois o resultado é o que interessa) e, às vezes, sites genéricos compram a palavra "evangélicos", por exemplo, para aparecer na primeira página da sua busca, caso você tenha especificado "site de relacionamentos para evangélicos" em sua busca. E eles têm perfis de evangélicos, muçulmanos, católicos etc., porque não são segmentados. Sim, eles possuem perfis de evangélicos também. Mas não somente. Portanto, verifique na página principal do site se há a menção de que

Qual o site de relacionamentos mais adequado para mim?

ele é direcionado apenas para a religião (ou qualquer outra coisa) específica que você estiver procurando.

Como falei no tópico anterior, procurar pessoas num site é como ditar a roupa que você quer a um estilista. Ou como se você estivesse numa loja e tivesse que procurar a roupa que se ajustará melhor ao seu corpo. E isso só acontece por tentativa e erro. Lembre-se de que, às vezes, saímos para comprar algo, procuramos, procuramos e não encontramos nada. Rodamos o shopping inteiro, vários shoppings, várias lojas, voltamos em dias diferentes... E nada! Até que, quando você vai ao shopping num dia em que não está desesperado atrás daquela roupa específica... Ela aparece na sua frente, como num passe de mágica! Na internet isso deve acontecer também. Tenha sempre em mente que paciência é um fator-chave para o seu sucesso.

Eu sugiro que você pesquise na internet os vários sites disponíveis no momento em que estiver lendo este livro e se cadastre em alguns deles para ver como funcionam. Geralmente, existe um período de teste gratuito (que pode ser infinito, mas cheio de limitações), que seria como um "reconhecimento de terreno". Então, você pode até degustar vários sites diferentes. Se gostar dessa degustação, poderá partir para um pagamento fixo no site escolhido (recomendo que pague somente um ou, no máximo, dois – você não terá tempo para mais do que isso).

Após criar um perfil, alguns sites permitem que você faça várias coisas que um usuário pagante também faz, sem pagar pelo serviço, como enviar mensagens (mas apenas outros pagantes poderão ler), adicionar candidatos à sua lista de preferidos e assim por diante. No entanto, há outros sites que não lhe permitem fazer quase nada, nem mesmo ver a foto dos candidatos que as divulgaram, ou enviar e receber qualquer tipo de mensagem, enquanto você não pagar pelo serviço. Alguns sites permitem que você veja quem está on-line no momento e também que você converse, através do site, com a pessoa interessada (geralmente, se você for usuário pagante e se a outra pessoa aceitar, claro!) – alguns já até disponibilizam recursos de som e vídeo. Outros não permitem esse contato sem pagamento e há ainda os que nem oferecem esta opção. Se você encontrar algum site com várias limitações, descubra se algum amigo seu já o utilizou para saber a sua opinião. Caso não conheça ninguém para opinar (talvez você nem queira que seus amigos saibam do seu cadastro), tente ver se já foram publicados artigos sobre este site e procure suas vantagens e desvantagens. Se não encontrar nada e a degustação que você teve não foi muito apetitosa, opte por um site que proporcione mais vantagens.

Há sites que possuem ferramentas mais refinadas para avaliação dos candidatos. Você passa por um teste psicológico (avaliação comportamental) e o resultado será cruzado com os dos outros membros para ver a compatibilidade com o seu perfil. Você pode descobrir coisas interessantes nesses testes; no entanto, precisa ter em mente que a outra pessoa pode não ter sido muito honesta ao respondê-lo. Não tem jeito: para isso, só mesmo a nossa avaliação pessoal e o nosso famoso *feeling* (percepção).

Também vale lembrar que se algo for extremamente importante e imprescindível para você, como a religião, por exemplo, é melhor buscar um site só da religião preferida. Por quê? Porque se você entrar num site generalizado, mesmo que só esteja

Qual o site de relacionamentos mais adequado para mim?

buscando pessoas da religião "Z", todas as pessoas das religiões "A", "B" e "C" também poderão entrar em contato com você e isso será uma perda de tempo, principalmente para você, que terá que checar perfil por perfil, de cada mensagem interessante recebida, para se certificar de que a religião é a mesma.

Não se assuste se você encontrar inúmeras opções de sites de relacionamentos no Brasil. A última vez que pesquisei, achei algumas dezenas deles! Talvez, numa busca mais detalhada, chegue a encontrar mais de uma centena. No entanto, muitos, você já elimina se não buscar nada muito específico. Dê uma olhada em todos – os maiores e mais utilizados sempre estão na primeira página de uma busca no Google. Você também vai encontrar anúncios de muitos deles dentro de grandes portais, sendo que os sites podem pertencer aos próprios portais ou apenas serem divulgados por eles. Entrar em um site que pertença a um portal talvez dê mais segurança aos principiantes. Pelo fato de divulgarem diretamente para os seus assinantes (banco de dados geralmente bem numeroso), os portais possuem muitos usuários cadastrados. Tente!

Tente ver também o número de pessoas cadastradas nos sites de interesse – alguns sites divulgam este número e alguns artigos também (mas como são dados confidencias de cada site, não podemos afirmar a veracidade dos mesmos). Certamente, você vai achar um em que se sinta mais à vontade!

Não se assuste também se parecer que há informação demais e que você vai ficar totalmente perdido ao preencher um perfil ou em saber como agir. Pode ficar tranquilo: você vai se acostumar a manipular os sites de sua escolha tão rapidamente que vai achar que fez parte deles por toda a vida!

11

Algumas constatações relevantes

Para coletar um material mais atual para escrever o livro, testei dois perfis num mesmo site de relacionamentos. Ambos com a mesma idade, um masculino e um feminino. Também testei perfis diferentes, com idades diferentes, em outros sites, juntamente com os dois acima mencionados, para tirar algumas outras conclusões. Utilizei fotos modificadas em Photoshop.

Vou falar sobre os dois perfis similares, um de cada sexo, testados no mesmo site.

O perfil feminino, sem foto nenhuma, quase não era visitado. Em 1 mês sem foto e também sem que eu conectasse (o deixei abandonado para fazer um teste), o perfil recebeu apenas 2 mensagens. No segundo mês, apenas uma. E, no terceiro, nenhuma (mas aí poderiam pensar que a candidata já tinha encontrado sua alma gêmea; afinal, imagina-se que uma pessoa que não se conecta por tanto tempo já encontrou alguém ou desistiu da busca). Aí deixei o perfil on-line por cerca de 12 horas, ainda sem

Algumas constatações relevantes

foto, e 2 mensagens foram recebidas. No momento em que a foto foi colocada, o perfil recebeu 98 mensagens em 3 dias, mesmo sem ter ficado on-line por muito tempo no período. Por outros 3 dias, fiz um teste com uma foto da mesma pessoa, mas, desta vez, sem estar sorrindo. Como a foto era bem simpática (mostrava um ar de pessoa feliz), mesmo sem o sorriso estampado, não houve muita diferença na quantidade de mensagens recebidas.

Já o masculino, deixei-o 2 dias sem foto para teste. Resultado? Apenas dez visualizações (as pessoas quase nem entram no perfil se não houver foto – provavelmente, as que entraram o fizeram pelo fato de que o candidato devia estar sendo divulgado pelo site por ser um novo usuário) e nenhuma mensagem recebida. Foto colocada, deixei o perfil on-line durante umas 10 horas num sábado – resultado: 34 mensagens recebidas!

Isso prova que a foto realmente faz toda a diferença.

Além disso, deixei os dois perfis parados (sem nenhum acesso, ou seja, não conectei uma vez sequer durante o período), com foto, por 7 dias. O resultado foi impressionante:

Perfil feminino – obteve apenas 45 visualizações e recebeu 15 mensagens durante o período. Mas, para se ter uma ideia, fiquei 10 minutos on-line para dar uma rápida olhada nestas mensagens e, nestes 10 minutos, chegaram 5 mensagens! Portanto, já se vê que a foto e o fato de estar on-line ajudam muito na exposição de uma pessoa.

Veja este outro teste: em 16 horas on-line, com foto, o perfil foi visto cerca de 100 vezes! Sem estar on-line, num período equivalente, foi visto apenas seis vezes. Portanto, esta é uma excelente dica: quanto mais tempo você ficar on-line, mais será visto, pois muitos usuários buscam outros que estejam on-line. Isso é um facilitador porque, às vezes, quando você busca um determinado perfil de usuário, muitos perfis serão mostrados, e é possível que alguns deles não tenham se conectado há mais de 1 mês. Então é melhor ficar com os usuários mais ativos. Mas sugiro que você também não fique on-line demais, principalmente nos finais de semana, para não parecer totalmente disponível e sem outra coisa a fazer na vida a não ser encontrar a alma gêmea.

Perfil masculino – obteve 123 visualizações – quase três vezes mais que o feminino – e recebeu 43 mensagens. Então deixei o perfil on-line por 20 minutos e ele só recebeu 3 mensagens!

Ou seja, a visualização *versus* a quantidade de mensagens recebidas foi proporcional enquanto os perfis estavam off-line, mas os dados mostram que o homem tende a ser muito mais imediatista, quer ver quem está disponível naquele momento preciso em que ele também está on-line e, muito provavelmente, não abordará muitos perfis sem fotos. Já a mulher é mais detalhista, faz a sua seleção, visualiza e lê minuciosamente os perfis encontrados, mesmo que a pessoa não esteja on-line, enviando mensagens a quem lhe interessar. Assim, creio que um homem tem uma chance ainda um pouco maior que a mulher de ser visto e procurado, mesmo que esteja off-line.

Nas mensagens também ficará claro o imediatismo dos homens: já querem ir logo para o MSN ou telefone. Isso é apenas um reflexo do que já acontece no mundo "não-virtual" – a maioria dos homens quer pular etapas iniciais e ir direto ao que "interessa". Mas não se assuste se as mulheres também estiverem no imediatismo. Talvez seja mais um excesso de ansiedade mesmo. Afinal, é algo contagiante e você precisa jogar de acordo com as regras do jogo. Além do fato de estarem menos expostas e mais anônimas, o que faz com que elas se soltem mais. Muitas mulheres mandaram seus e-mails ou MSN já na primeira mensagem. Algumas mandaram até mesmo o número de celular. Hoje, como há celulares com dois *chips*, algumas pessoas podem até comprar um *chip* só para receber ligações de quem for de sites de relacionamento, por exemplo. Isso até facilita, pois você escolhe o toque que quiser e, dependendo da ocasião, pode nem atender ao telefone apenas pelo toque. E não compromete seu número principal no futuro – você descarta o *chip* extra e, quando estiver num relacionamento sério, não será abordado por outras pessoas que estavam interessadas em você.

Algo que me impressionou muito foi a constatação da porcentagem de usuários pagantes e não-pagantes. Lembre-se de que este número não pode ser considerado real, pois a amostra que tive foi de apenas dois usuários. Mas creio que a realidade não está muito distante disso. Na página do perfil feminino, consegui abrir entre 60% e 70% das mensagens recebidas, o que significa que apenas entre 30% e 40% dos homens não pagam pelo site. Já no caso masculino, tive que esperar vários dias (inclusive semanas) para coletar material bom das mensagens para compartilhar com você, leitor, pois consegui abrir aproximadamente 35% das mensagens recebidas. Isso significa que aproximadamente 65% das mulheres não pagam pelo site. Eu creio que é pelo fato de que as mulheres ainda têm mais vergonha de pagar por um site de relacionamentos, de pagar para encontrar o amor. Mas não são as mulheres que dizem que os homens não querem nada sério? Essa estatística bem simples mostra que isso não é verdade, já que eles são os que mais pagam pelo serviço... Então, o que as mulheres estão esperando para pagar logo a adesão ao site? E os outros homens que também não pagam?

Eu também tive a impressão de que mulheres com mais de 40 anos pagam mais pelo serviço do que as mais jovens. Talvez porque não achem que têm muito tempo a perder e porque as mais novas, ao contrário, achem que ainda têm bastante tempo para encontrar o amor.

12

Criando o seu perfil

Criar um perfil num site de relacionamentos é algo que pode ser extremamente fácil e rápido.

Contudo, parece que é um martírio sem fim, pois só de olhar a lista de itens a serem preenchidos dá uma preguiça... Mas você deve estar preparado para responder várias perguntas – mesmo que elas pareçam chatas no início, depois você notará que são elas que vão lhe ajudar a encontrar o seu par ideal ou vice-versa.

A primeira coisa a se fazer ao iniciar o cadastro do perfil é criar um apelido (ou identificação, ou nome de usuário, ou *nickname* – apelido em inglês –, entre outros. Cada site costuma ter uma nomenclatura diferente). É claro que aqui você não deve colocar seu nome completo, telefone ou qualquer outro dado pessoal. E, a propósito, suspeite de quem fizer isso. Mas crie um apelido (é assim que você será visto pelas pessoas) decente, condizente com a sua personalidade. Se você busca um relacionamento sério, não deverá utilizar nada como gatinho, gostoso, sarado, tesudo e afins. Isso já leva para um lado mais sensual/sexual – se esse for o seu objetivo, vá em frente! Não vá colocar algo como docinho se você for uma mulher de 1,90 m e nem grandão da ZN (Zona Norte) se você for um homem de 1,65 m. Tenha bom senso sempre. E uma pitada de bom gosto também não faz mal a ninguém. Se estiver muito em dúvida, coloque um apelido seu – a não ser que não se sinta confortável em divulgar algo mais íntimo, principalmente se quiser colocar sua foto também. Colocar um apelido que tenha algo a ver com você ajuda muito, mas algumas pessoas têm uma dificuldade imensa para defini-lo. Se não souber por onde começar, use a criatividade: pegue um dicionário e busque uma palavra de que você gosta. Comece a procurar sinônimos e depois vá até a página de um deles e busque outros. Podem surgir grandes ideias daí. Afinal, nada melhor que a "enciclopédia" das palavras para encontrar uma!

Algumas pessoas também colocam um objetivo em seu apelido, deixando claro seu estado civil e/ou o que elas procuram no site: casado busca sexo, solteira procura amor, viúva quer casar, divorciado quer compromisso e assim por diante.

Outra ideia, muito difundida, é o uso de nomes de personagens famosos (Alice, He-man, Amélie Poulain, Shrek etc.). Já imaginou sair com o Shrek? Cuidado para não usar "Tio Patinhas" e atrair mulheres interessadas em seu dinheiro, além de passar a ideia de "tio". O uso de nomes de personagens não me atrai muito, mas ainda pode ser melhor do que "gatinha manhosa" ou "moreno sarado".

Contudo, a maioria das pessoas ainda utiliza o nome (este, às vezes, no diminutivo) ou apelido verdadeiros, acrescidos da idade, ano de nascimento ou cidade onde mora. Ex: João-1969, Soninha_BH, Chiquinho52...

Você também encontrará os apelidos relacionados às profissões: medico_33, dentista-rj, professora_fortaleza etc. E há muitos advogados como advogato... De matar!

Enfim, criatividade é algo que não tem limite. Faça bom uso da sua!

Antes de criar o seu apelido no site, pense bem nele e tente criar um e-mail igual – assim ficará muito mais fácil depois (exemplo: apelido no site "julia_salvador" – e-mail: "julia_salvador@e-mail.com"). Mesmo porque você receberá várias mensagens (inclusive com sugestões de candidatos que possam te interessar, devido ao cruzamento de perfis) e não é legal usar o e-mail oficial para receber estas mensagens. Além disso, ao fornecer seu e-mail a alguém por quem tenha se interessado, é muito mais seguro oferecer este e-mail "falso", que protegerá a sua verdadeira identidade. O ideal é que este e-mail possa ser usado em softwares de troca de mensagens instantâneas como o Messenger, por exemplo. Lembre-se disso na hora de escolher o provedor de e-mail a ser usado.

Observação: alguns sites não permitem que a pessoa utilize o apelido igual ao e-mail – seguramente para evitar que os outros usuários façam tentativas em sites de troca de mensagens instantâneas e consigam se comunicar com a pessoa em questão, sem que nenhum dos dois tenha pago pelos serviços do site. Contudo, para você se organizar melhor e facilitar a memorização do apelido criado, poderá adicionar um número ao apelido, por exemplo: e-mail "julia_salvador@e-mail.com", apelido no site "julia_salvador1".

Para começar a fazer buscas num site e ver o seu funcionamento, geralmente não é preciso muita coisa (isso nos sites que permitem estes serviços aos usuários não pagantes – a maioria deles). Se você cadastrar seu e-mail, apelido, senha, data de nascimento, sexo, sexo de quem busca e sua localização, mesmo sem colocar a sua foto, já poderá começar a ter suas primeiras impressões de um site de relacionamentos. Enquanto lê este livro, pode criar um perfil – este já seria o momento ideal –, assim ficará ainda mais fácil compreender tudo, uma vez que você terá um site para comparar.

Vou detalhar agora outros tópicos importantes de um perfil, começando pela foto (provavelmente o item mais importante do site), passando em seguida à parte mais "densa" do perfil, que é quando você precisa escrever algo ou descrever a si mesmo ou a quem busca.

12.1. Foto

Ponto alto do perfil, pois brasileiro é louco por aparência: principalmente os homens (mesmo que não soubéssemos, já ficou provado no capítulo anterior)! Então considero altamente recomendável adicionar pelo menos uma foto ao seu perfil.

Como mencionei no início do livro, no meu perfil real eu fiquei sem foto por muito tempo. Quando coloquei uma foto de rosto somente na página inicial (sem fotos adicionais), a diferença foi totalmente inesperada. Chegavam tantas mensagens que eu nem dava conta de lê-las (mas, muitas vezes, só de abri-las e ver como estavam mal-escritas, já eram imediatamente descartadas). Então ficava on-line pouco tempo, para reduzir a minha exposição.

Muitos usuários (você verá adiante) deixam bem claro que não respondem a mensagens remetidas por donos de perfis sem fotos. São exemplos recorrentes e enfáticos – a maioria das pessoas não se interessa mesmo. Portanto, se você não quiser colocar a sua foto por algum motivo (talvez seja um alto executivo de uma empresa e sabe, por exemplo, que alguns funcionários seus utilizam este recurso e não gostaria que eles encontrassem o seu perfil), você poderá enviar a foto na primeira mensagem, de preferência informando, no título da mensagem, que mandou uma foto anexada. Esse recurso também pode ser utilizado caso a sua foto esteja em aprovação (para evitar o uso de fotos impróprias pelos usuários do site, as fotos enviadas passam antes por aprovação). Geralmente, são aprovadas no mesmo dia ou no dia seguinte, mas pode demorar um pouco mais. Se você encontrar alguém interessante neste momento, não deixe de mandar uma mensagem com sua foto anexada. O importante é não perder a oportunidade...

Outro fato importante a ser lembrado é que a maioria dos sites permite que, além da foto principal, outras também sejam anexadas. Geralmente, são chamadas de fotos adicionais ou extras. Na foto principal, que aparecerá estampada no seu perfil, você deve colocar apenas o seu rosto, para que chame a atenção e a pessoa que lhe encontrar na busca tenha uma clara noção de como você é. Já nas outras fotos, você poderá colocar imagens de corpo inteiro, se quiser. Mas tente não colocar fotos com outras pessoas – afinal, você está ali para se divulgar, não para divulgar os seus parentes e amigos.

Vamos agora falar sobre observações importantes relativas às fotos.

Qual o seu melhor ângulo? Você, seguramente, já saiu em várias fotos – a não ser que consiga fugir delas quase sempre. Portanto, lembre-se das fotos mais elogiadas, daquelas que disseram que você saiu bem. Quais foram? São atuais? Ainda dá para usá-las? Caso não seja possível, peça a alguém com quem você se sinta seguro para lhe ajudar na tarefa. É legal ter uma foto bacana no perfil, mostrando o que você tem de melhor. Se tiver vergonha de pedir ajuda, use uma máquina digital (mesmo que você a peça emprestada) ou um celular que possua uma boa câmera e tente se fotografar sozinho. É bem mais difícil e pode levar um bom tempo, mas as fotos mais bonitas que eu tenho de rosto foram tiradas por mim mesma. Uma última opção é se fotografar com a câmera digital do computador, mas a qualidade pode ser um problema.

Se ainda estiver em dúvida quanto a divulgar sua foto ou não, lembre-se que perfis com fotos são vistos inúmeras vezes mais que os outros. Muitos sites de relacionamentos informam que eles são vistos 10 vezes mais do que os sem foto. Outros, 15. Se você deixá-los on-line por mais tempo, eles podem ser vistos ainda mais que isso. Não vale a pena correr o risco?

Não ponha uma foto:

- que tenha mais de 1 ou 2 anos (e isso se você não tiver mudado muito nesse período), pois você tem que mostrar a realidade como ela é;
- de quando seus cabelos eram longos e loiros, se hoje são curtos e ruivos;

Criando o seu perfil

- de você de barba, se hoje não a usa;
- de quando você pesava 10 kg a menos (você colocaria a de 10 kg a mais, pesando 10 kg a menos hoje?);
- de você vestindo sunga ou biquíni. Não é apropriado se você está em busca de um compromisso sério;
- em que você usa óculos de sol, boné, chapeu, lenço na cabeça ou qualquer coisa que possa esconder o seu rosto;
- em que não seja possível uma boa visualização do seu rosto (fotos distantes, embaçadas...);
- em que haja tanta maquiagem em seu rosto que nem pareça ser você;
- que tenha sido tirada por profissional, em que você esteja fazendo pose;
- que seja uma montagem (várias fotos pequenas dispostas num espaço);
- que mostre que sua ex-namorada (ou ex-namorado) estava te abraçando e sobrou um pedaço do corpo ou cabelo recortado – isso é chato demais;
- que mostre você segurando um copo, uma garrafa/lata de bebida, ou um cigarro aceso;
- que mostre você pilotando um avião, ou um carro esporte, ou um jet-ski, ou um barco de luxo e afins (fica arrogante e infantil).

Por outro lado, utilize uma foto:

- nítida;
- em que você esteja sorrindo (a não ser que sorrir para uma foto te deixe muito desconfortável) e com um ar feliz;

O Amor Está na Rede

- natural e sem muita maquiagem (para as mulheres);
- que mostre seu melhor ângulo;
- que, de preferência, mostre bem o seu rosto e, no máximo, um pouco abaixo do ombro. Fotos de corpo inteiro podem ser colocadas na parte de fotos adicionais. Mas, na foto inicial do perfil, é melhor que seja enfatizado o rosto, como explicado anteriormente;
- que mostre realmente como você é no dia a dia – não quando está extremamente arrumado para ir a uma festa;
- em que você esteja sozinho. Imagens com amigos, parentes etc., só podem ser usadas nas fotos adicionais, mas, a fim de proteger a identidade de outras pessoas e de divulgar você mesmo recomendo que todas as fotos sejam somente suas, como já mencionado na introdução deste tópico.

Colocar uma foto que não mostre exatamente quem você é vai gerar problemas no futuro. Pode criar falsas expectativas no seu interlocutor e gerar uma frustração sem tamanho quando você perceber que a pessoa não quer dar continuidade ao processo por não ter gostado da sua real aparência.

Dica final: lembre-se sempre de atualizar a sua foto – primeiro, porque você já pode estar lá há algum tempo e sua aparência ter mudado (talvez não use mais barba, talvez tenha mudado a cor do cabelo, ou talvez tenha simplesmente envelhecido – ou mesmo rejuvenescido com uma plástica!). E também porque, às vezes, outro ângulo seu pode chamar a atenção de alguém que não tenha se interessado pela foto anterior. Uma amiga despertou o interesse do atual marido porque colocou uma foto que realçava

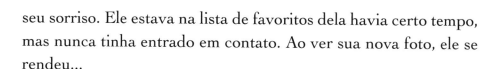

seu sorriso. Ele estava na lista de favoritos dela havia certo tempo, mas nunca tinha entrado em contato. Ao ver sua nova foto, ele se rendeu...

12.2. Frase de abertura e apresentação pessoal

Quando uma busca é feita num site de relacionamentos, muito provavelmente você verá vários perfis, um em cima (ou ao lado) do outro, geralmente, com a foto, a idade, a cidade e a frase de abertura de cada candidato.

Depois de apreciar a sua foto, a frase de abertura tem grandes chances de ser o item que será visto em seguida. Alguns sites, em vez da frase, mostram a profissão da pessoa. Outros, nem uma coisa, nem outra. Enfim, as variações são diversas, mas como muitos deles pedem a frase, vou discorrer um pouco sobre a sua construção.

É bom ter uma frase que convide à visita do seu perfil – vale lembrar que, quando se faz uma busca num site em que milhões de pessoas estão cadastradas, mesmo que você selecione apenas uma cidade, uma faixa etária com variação de 5 anos, dos 30 aos 35, por exemplo, e mesmo que você restrinja a sua busca ainda mais (como: "apenas pessoas com formação superior"), ainda assim encontrará centenas de pessoas que preencham os requisitos. Ao ser encontrado numa busca, como chamar mais atenção que outra pessoa? Como fazer com que cliquem primeiro no seu perfil, em vez de outro, uma vez que as fotos possam despertar aten-

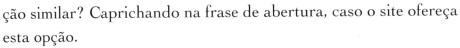

ção similar? Caprichando na frase de abertura, caso o site ofereça esta opção.

A apresentação pessoal é vista apenas quando o seu perfil é clicado e é aqui que você dirá, com suas próprias palavras, quem você é, do que gosta etc.

Estes campos são um pouco mais difíceis de serem preenchidos, pois não são questões de múltipla escolha, como vários outros do site – você tem liberdade total para criá-los, mas sempre respeitando um número pré-definido de caracteres, variável de site para site. No entanto, estes campos passarão por aprovação antes de serem liberados no seu perfil, para evitar a divulgação de textos indevidos.

Voltando à frase de abertura: mostre muito bom humor, alto-astral, alegria. Tente se vender. Resumindo: seja positivo e muito criativo!

Muita gente usa letras de música, tipo: "Demorei muito pra te encontrar, agora eu quero só você", ou "Me dê a mão, vem ser a minha estrela", ou ainda "Abra os braços, vem e me namora".

Há também grande uso de frases de autores famosos ou não, geralmente relacionadas ao amor: "As paixões cegam. O verdadeiro amor nos torna lúcidos.", ou "O amor é a ocasião única de amadurecer, de tomar forma, de nos tornarmos um mundo para o ser amado.", ou ainda "O amor é fogo que arde sem se ver".

Outros simplesmente dizem: "Mulher solteira procura companheiro", "Executivo bem resolvido quer namorar".

Pense bem... Você acha que estas últimas frases ou outras mais criativas chamarão mais a atenção do potencial candidato? Criar a sua própria frase é bem mais legal do que copiar uma já

Criando o seu perfil

existe. Mostra, mais uma vez, que você se preocupou e saiu do lugar-comum.

Veja exemplos de frases simples e positivas:

Se você também ama as coisas boas da vida, sou a parceira ideal!

Aqui há uma pessoa especial. Entre e seremos duas!

Sou feliz e serei ainda mais quando dividir esta felicidade toda com alguém especial...

Já na apresentação pessoal, a coisa fica um pouco mais complicada. Como é difícil falar de nós mesmos, não? Bem, um egocêntrico não deve concordar... Mas vou tentar dar algumas dicas para que a tarefa fique mais simples.

Analise o espaço que você tem para se apresentar. Da mesma forma que já mencionado na frase de abertura, você deve ser sempre positivo e bem-humorado! Ninguém quer ler um perfil que diga: "a minha vida é um tédio e não tenho nenhum objetivo específico – no momento estou tão perdido que acho que é melhor tentar encontrar alguém". Não use elementos que demonstrem insegurança, como "acho", "talvez", ou "pode ser". Seja sempre incisivo, claro, objetivo. Apresente a sua vida de forma leve, porém não displicente. Mostre que se preocupou com o que escreveu, tanto com a forma quanto com o conteúdo.

Você pode se apresentar fisicamente, mas é preferível deixar esta apresentação para a descrição do seu corpo. No entanto, muita gente se descreve aqui e depois coloca algo mais curto sobre o seu corpo. Exemplo:

"Alto, cabelos loiros e ondulados, mas curtos. Olhos castanhos, sorriso largo, rosto quadrado. Tenho o corpo em forma, apesar de não me exercitar com a frequência de que gostaria. Adoro sair com os amigos, mas também gosto muito de ficar em casa, principalmente ao lado de uma mulher agradável. Cozinho razoavelmente bem e curto um bom vinho. Adoro ler. Também aprecio longas caminhadas – gostaria de me acompanhar?".

A apresentação está ótima, mas seria ainda melhor se a primeira parte estivesse na descrição do corpo.

Exemplos de boas apresentações pessoais:

Olá! É tão difícil falar de nós mesmos... Mas vou tentar. Sou uma pessoa de bem com a vida, gosto de sair com os amigos e valorizo muito quem também gosta de sair e dividir as coisas boas da vida ao meu lado. Gosto de viajar, ir a bares e tomar uma cervejinha. Também gosto de programas a dois, como ir a restaurantes, assistir a um filme comendo pipoca, namorar etc. Quero uma pessoa companheira, que seja honesta, extrovertida e que goste das coisas simples da vida, assim como eu! Se você é assim, me escreva... Beijos

Tenho 38 anos, sou separado, tenho dois filhos que moram fora do país e trabalho numa multinacional. Moro sozinho, gosto de cinema, teatro, viagens (adoro viajar!), restaurantes e bares. Sou diferente dos outros homens: sei cozinhar e ouvir uma mulher. E, acredite: não gosto de futebol, nem de cerveja! Quero encontrar alguém que busque um relacionamento sério e duradouro.

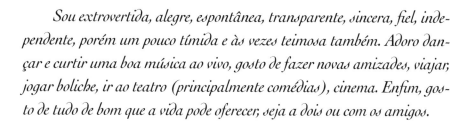

Criando o seu perfil

Sou extrovertida, alegre, espontânea, transparente, sincera, fiel, independente, porém um pouco tímida e às vezes teimosa também. Adoro dançar e curtir uma boa música ao vivo, gosto de fazer novas amizades, viajar, jogar boliche, ir ao teatro (principalmente comédias), cinema. Enfim, gosto de tudo de bom que a vida pode oferecer, seja a dois ou com os amigos.

Eu diria que sou uma pessoa que busca ser equilibrada em tudo. Gosto de uma boa conversa – de preferência, inteligente e bem humorada! E gosto de conversar com todo tipo de gente – acho que todos têm algo a nos ensinar. Curto viajar, adoro conhecer lugares (e comidas) diferentes. Ah, amo cantar.... E dizem que aparento ser bem mais nova... rs... acho que são meus genes orientais!...

PS: "rs" = risos. Muitas abreviações como esta são usadas nas comunicações on-line e, com o tempo, quem não as conhece hoje logo estará familiarizado com as mesmas.

Você ainda vai encontrar fetichistas e pervertidos. Se você ignorá-los, geralmente não serão um problema. Veja esta apresentação pessoal:

Procuro mulheres mandonas, mimadas, folgadas para que eu possa obedecer nas horas vagas.

Não estamos aqui para julgar uma pessoa ou seus objetivos, mas este homem, por exemplo, foi bem claro em seus desejos. Isso é o que ele procura e, como é casado, deixou claro que é somente para as horas vagas. Só acho que este texto deveria estar na descrição de quem ele busca, não na sua própria apresentação.

Este outro usuário, que também só busca sexo e é casado, quer compartilhar seus carinhos com as pessoas que se sentem, em geral, mais excluídas:

Carinho e prazer para gordas, feias, idosas, deficientes e cadeirantes.

Viu só? Tem gente pra todos os tipos e todos os gostos!

Lembre-se sempre de fazer bom uso do nosso idioma!!! Eu, por exemplo, sou muito crítica em relação a isso e ignorei vários pretendentes porque escreviam mal. Para uma pessoa com boa formação e que goste de escrever bem... Este tipo de erro é simplesmente imperdoável!

Veja a exigência desta pessoa ao descrever quem busca (este item será visto adiante). Repare no detalhe da foto também:

Homens inteligentes, interessantes, bonitos e que não cometam erros crassos de português!!! Obs.: perfis sem foto não serão vistos.

12.3. Descrição do seu corpo

Muitas pessoas deixam esta parte em branco, bem como as duas partes explicadas anteriormente. No entanto, quanto mais bem detalhado for o seu perfil, maiores são as suas chances de atrair alguém – lembre-se disso!

Você deve se descrever de forma simples e objetiva, sempre valorizando o que tem de bom.

Criando o seu perfil

Ao ler a descrição do perfil de outras pessoas, lembre-se que é sempre bom você ter em conta que elas possivelmente deram um *upgrade* em sua imagem. Imagine-se consultando um corretor sobre alguns imóveis específicos. Na cidade de São Paulo, por exemplo, muitos corretores costumam dizer que um apartamento é em Perdizes quando, na verdade, é na Barra Funda. Outros dizem que um apartamento localizado em Perdizes fica no Pacaembu. E assim por diante. Ou seja: para dar mais valor ao imóvel, podem dizer que o mesmo está localizado no bairro mais próximo, cujo valor do metro quadrado é mais alto, caso algumas ruas deste bairro mais valorizado sejam próximas ao imóvel em questão. Nos sites de relacionamentos é natural que isso também aconteça, salvo raríssimas exceções; afinal, queremos mostrar o nosso melhor. Então, se você vir que uma pessoa se descreveu como atlética, é bem possível que ela seja mediana. Se escreveu mediana, é provável que tenha alguns quilos a mais. E, se disse ter alguns quilos a mais, ela pode até estar bem acima do peso. Tenha sempre isso em mente para não se decepcionar depois. E cuidado (a parte mais difícil!) para não fazer o mesmo.

Exemplos de boas descrições:

Tenho cabelos castanhos, curtos e lisos. Minha pele é bem clara e meus olhos são escuros. Sou bem alto (tenho 1,95 m). Estou em forma, mas não sou malhado. Gosto de me exercitar sem exageros. Dizem que meu sorriso é irresistível – venha conhecê-lo!

Sou magra, olhar profundo, boca grande e carnuda... Olhos e cabelos castanhos. Tenho 1,73 m. Mas lembre-se que uma mulher interessante é muito mais que um corpo...

Procuro me exercitar com regularidade e me alimentar bem. Disso resulta um físico bem disposto e bem proporcional... Observando "protótipos similares" por aí, acho que estou em certa vantagem!!! Tenho olhos castanhos, cabelos curtos e loiros, num corpo de 1,80 m.

Sou alta, cabelos castanhos com mechas loiras, cacheados e de comprimento médio. Tenho olhos verdes e um jeito meio tímido. Corpo esguio (1,70 m) e pele bem clara, estilo europeia. Não me considero bonita, mas charmosa. Dizem que sou uma mulher muito fina.

12.4. Descrição de quem busca

Aqui você vai dar detalhes do perfil da pessoa que está buscando. É como uma apresentação pessoal, mas da pessoa que você procura. Se quiser, pode mencionar detalhes físicos também (exemplo: apenas mulheres gordinhas ou apenas homens com mais de 1,80 m), mas, geralmente, apenas as pessoas mais exigentes fazem isso. Para ilustrar, seguem alguns exemplos de boas descrições da provável alma gêmea.

Gosto de pessoas descontraídas, que estão sempre de bem com a vida, que gostem de uma boa conversa (desde um papo sério até besteiras, para dar boas risadas). Uma pessoa que goste, como eu, de sair, viajar etc... Que goste de dividir pequenos e grandes momentos. Um homem sincero, carinhoso, responsável, independente, que sabe o que

Criando o seu perfil

quer da vida. Bonito por dentro (e por fora... rs). SÓ RESPONDEREI PERFIS COM FOTO!! *

Alegre, inteligente, que gosta de fazer amigos e que nunca perde a oportunidade de ser feliz, fazendo de cada momento da vida algo que realmente vale a pena viver com intensidade e prazer. Companheiro, educado, objetivo, que sabe fazer uma mulher se sentir especial.

Aprecio gente espirituosa... Que goste de experimentar coisas novas e tenha disposição! Que saiba assumir o que faz e diz — enfim, que honre sua palavra. E leve a vida a sério... Descontraidamente. Que goste de viajar e conhecer lugares novos — mesmo que sejam aqui do lado. E, se além de tudo isso, for romântica e carinhosa... Que seja muito bem-vinda!

Quero um amor pra vida toda, casa, papagaio, cachorro, gato, viajar, andar de mãos dadas, ser cúmplice, amigo, amante. Gosto de homens altos que, como eu, também pratiquem exercícios. Adoraria um companheiro de esportes, leituras, viagens, um "gentleman", uma pessoa que tenha hábitos saudáveis, culta, inteligente, que não fume (eu realmente odeio cigarro), que queira um relacionamento saudável, sincero, baseado no respeito e confiança. Só peço aquilo que eu puder dar (por favor, somente perfis com fotos). :)

---

* Se você gostar da pessoa e não tiver foto no perfil sugiro que mande uma mensagem mencionando "foto anexa" no título. Senão, a candidata ou candidato não falará com você... (este tipo de ressalva é algo muito frequente, como já ilustrado em alguns exemplos).

O Amor Está na Rede

Uma mulher bacana, companheira e, principalmente, boa amiga. Uma pessoa que esteja presente em todos os momentos, nos bons e ruins também. Sincera, transparente, que saiba o que quer, bem resolvida, que curta viajar e namorar. Enfim, que saiba aproveitar tudo de bom que a vida oferece!

A pessoa abaixo me pareceu extremamente crítica e intransigente. Não tenho dúvidas de que ela sabe o que quer, mas será que não está assustando os candidatos? Parece até anúncio de vaga de emprego...

Requisitos (por favor, os que estiverem fora, nem me enviem mensagens):

- *Deve ter nível universitário, formação completa.*
- *Residir na cidade do Rio de Janeiro ou em um raio de 100 km da mesma.*
- *Idade entre 30 e 35 anos.*
- *Perfil somente com foto, exatamente como o meu.*
- *Bonito, independente, determinado, amigo, corajoso, romântico e carinhoso, isso significa estar no mesmo nível que eu.*
Que tenha senso de humor e seja muito otimista. Que seja um lutador e corra atrás de seus sonhos e desejos. Que incentive as relações profissionais e pessoais.

Uma descrição bem simples e bacana:

Não acredito em príncipe encantado, muito menos em contos de fadas. Busco uma pessoa séria, bem resolvida, que seja sincera acima de tudo. Um corpo bonito pode até ser um diferen-

cial, mas o que realmente importa é o caráter e a inteligência. Será que é pedir demais???

Uma candidata interessantíssima escreveu em francês o que ela busca num homem – um lindo poema! Era lindo mesmo e muito romântico, mas... Soou extremamente arrogante e excludente, pois quem não falar o idioma poderá se sentir intimidado e acreditar não estar à altura da candidata, deixando de entrar em contato com ela. Se ela só quisesse alguém com fluência no idioma, tudo bem. Mas não era o caso – ela não mencionou isso em seu perfil. Para que restringir possibilidades, quando no seu perfil elas não estão restritas?

Não mostre ser mais do que é: você será cobrado por isso.

Optei por finalizar as partes descritivas por aqui, pois acho que os itens que acabaram de ser detalhados são os mais interessantes. Há sites que, além destas descrições, oferecem a possibilidade de fazer vários outros detalhamentos, como, por exemplo, dizer como gostaria que fosse o seu primeiro encontro, como gostaria que fosse a relação no dia a dia, onde e em que tipo de casa gostaria de morar, como seria a vida a dois e a relação com os filhos... Enfim, são detalhes que ajudam a expor-se mais, mas será que, em tempos de imediatismo, alguém terá paciência para ler tudo? Tente sempre ater-se ao que julgar mais importante e não perca tempo com informações que podem não fazer muita diferença no final.

12.5. Dados básicos

Aqui você vai informar se você é homem ou mulher, se busca homens ou mulheres, a sua idade, o seu peso, a sua altura, a cor dos olhos, a localização geográfica etc. Esta parte é bem fácil de ser preenchida e não leva muito tempo.

Ao preencher estes campos, seja sempre o mais sincero possível – assim, você não criará falsas expectativas e não decepcionará os seus possíveis futuros fãs. A verdade é sempre o melhor caminho.

Faço apenas uma observação aqui – se você morar numa cidade muito pequena, coloque a maior cidade mais próxima como a sua cidade. Assim, você ficará mais visível nas buscas. É possível que, se a cidade onde você mora for mesmo muito pequena, você acabe por não encontrar ninguém que preencha os seus pré-requisitos. E dificilmente alguém lhe encontrará...

Idade

Muitas pessoas mentem a idade. Até mesmo na vida "não-virtual", não é mesmo?

Eu sugiro que você não minta a sua idade se buscar algo sério. Agora, se você estiver apenas a fim de um encontro bem casual ou sexo, a mentira não será um grande problema, pois a outra pessoa provavelmente nem terá tempo de descobri-la.

Se, por acaso, quiser menti-la para que não seja identificado por alguém (já que você vai descrever seu corpo todo, seu signo ou mesmo estampar seu rosto no site) que você já sabe que usa o site (sua ex-mulher, por exemplo), mude apenas 1 ano e, de preferência, para mais. Assim não fica muito feio caso precise se justificar. Mas afirmo que a verdade é sempre melhor para quem busca relacionamentos sérios – ninguém gosta de começar qualquer tipo de relacionamento baseado numa mentira – mesmo que um simples "coleguismo". Então, se resolver mentir, que seja a mentira mais "branca" do mundo e somente se você não se sentir seguro falando a verdade (faça o teste contrário e pense se você perdoaria mentira equivalente do seu correspondente – talvez isso clareie o seu pensamento). Ela deve ser desmentida já na primeira conversa on-line.

Outro dia um amigo saiu com uma mulher que dizia ter 10 anos a menos. Bom, isso foi o que concluiu, pois nem teve coragem de perguntar sua verdadeira idade. Ele não tem câmera (precisa comprar uma com urgência!), então tomou a decisão de encontrá-la somente pela foto. Ele tomou um susto enorme e, como ela não lhe agradou, ele inventou uma desculpa e foi embora depois de 10 minutos. Talvez, se ele tivesse gostado dela, não tivesse se importado com isso. Mas imagine como ela se sentiu ao ser praticamente abandonada no local. Você gostaria de estar no lugar dela?

Muita gente mente a idade para poder entrar num determinado grupo de buscas. Por exemplo, digamos que você tenha 48 anos. Então você coloca 45 no seu perfil, para ser achado por quem procura alguém entre 40 e 45 anos. Isso é muito usado nos sites de relacionamentos. Hoje mesmo encontrei um amigo que diz, em seu perfil, ter 5 anos a menos. Ele é do tipo que não aparenta a idade verdadeira e até poderiam acreditar em sua idade falsa. Mas ele não está em busca de um relacionamento sério; apenas de encontros casuais. Neste caso, como ele já deixou bem claro em seu perfil que não quer nada sério (ele realmente escreveu isso), não vejo muito problema na mentira – não vai desapontar ninguém, se o encontro terminar por ali mesmo. Mas se ele mudar de ideia no meio do caminho... A confiança da outra pessoa nele poderá ficar comprometida.

Se você quer um relacionamento sério, como já insisti antes, em minha opinião deveria colocar a idade real.

Físico

Como falado anteriormente, brasileiro é louco por aparência. Portanto, muita gente acaba por mentir para se adequar aos padrões de beleza exigidos pela sociedade. Não adianta você ser o Felipe X, feio e sem graça e descrever-se como o George Clooney. É fracasso na certa! É claro que você também não deve enfatizar os seus pontos fracos. Então, faça uma avaliação (a mais honesta possível) do seu corpo, selecione os pontos que mais gosta e explore-os! Se os seus dentes são um pouco tortos, você não precisa dizer. Também não vá dizer que tem um sorriso lindo se faltar um dente da frente. Mas diga que tem olhos expressivos, sorriso largo e assim por diante. Não afirme que tem olhos verdes se apenas usar lentes. Não informe que é loiro porque o foi na infância. Não diga que é magro porque o era até 2 anos atrás. Você é o que é hoje. Não o que foi, nem o que será!

Peso: um dos maiores problemas da internet. O peso não diz muita coisa, pois a pessoa pode ser alta e maciça, o que lhe dá direito a uns quilos a mais. Mas a maioria dos sites não permite que o peso não seja informado. Se não quiser informá-lo, mas for obrigado a fazê-lo, tome muito cuidado. Não coloque algo muito discrepante da realidade, ou vai ficar feio depois. Você pode até detalhar melhor o seu corpo e mencionar algo que explique o seu peso na descrição do corpo, se isso proporcionar mais conforto (exemplo: preferi não divulgar meu peso verdadeiro, mas garanto que sou apenas um pouco cheinha, de forma bem proporcional: cheia de curvas!).

Uma amiga saiu com um cara que dizia ser um pouco acima do peso. Como seu rosto era de pessoa magra, ela achou que ele pesasse uns 10 kg a mais que o padrão. No entanto, ele seguramente pesava mais de 100 kg e só tinha 1,70m. Ela se sentiu extremamente desapontada, mas continuou a conversar com ele por mais meia hora para que ele não ficasse magoado. Obviamente, não falou mais com ele depois. Foi triste!

Quanto à altura, informe a correta.

12.6. Informações gerais

Aqui você vai mostrar um pouco mais de você. Esta parte, como a dos dados básicos, será razoavelmente fácil de preencher, pois você só terá que escolher uma ou mais opções dentre as oferecidas – você não precisará digitar nada.

Não vou detalhar todos os itens aqui, apenas os mais importantes e que necessitem de observações.

Escolaridade

Informe seu exato grau de escolaridade. Você não precisa dizer o curso superior, se possuir um, a não ser que queira. Mas não diga que tem formação superior se não a tiver. Hoje isso é muito fácil de ser verificado, principalmente se você for jovem – há listas de aprovados em vestibulares na internet, há listas de formados em universidades, há nomes das pessoas em trabalhos de conclusão de curso, de mestrados... Já colocou seu próprio nome num sistema de busca? Talvez você se surpreenda com o que poderá encontrar. E também tome cuidado para não tirar conclusões precipitadas sobre seu correspondente, quando for buscar seu nome, pois, dependendo do nome (em geral, quanto mais comum for), muitos homônimos serão encontrados e você poderá relacionar o mesmo nome à pessoa errada e gerar confusão.

Religião

Se você segue uma religião, deixe claro que a segue e, de preferência, com que frequência, se o site oferecer este nível de detalhamento. Assim, se você for um católico fervoroso e seu/sua pretendente ateu/ateia, ambos já podem optar por não seguir adiante se a opção do outro for algo incompatível com seu estilo de vida. Mas se você tem uma religião que segue com afinco, não diga "não-praticante" para amenizar, pois isso poderá ser um grande problema no dia a dia.

Esportes

Liste os esportes que mais gosta e os que pratica. Quem sabe você não descobre alguém no mesmo bairro que também goste de hipismo? Se não praticar esportes há muito tempo, não liste os que praticava no passado. Alguém pode te convidar para um passeio de bicicleta e você fará feio ao se cansar após as primeiras pedaladas!

Hobbies

Liste tudo que gostar. Há infinitas opções. Não informe que adora livros épicos se apenas ler romances baratos. Seja fiel aos seus gostos. Se tiver vergonha de dizer que gosta de algo (exemplo: assistir às novelas), simplesmente não diga. Provavelmente seu correspondente conviverá com isso, se vier a se tornar seu futuro parceiro.

Renda

Alguns sites dão a opção de informar a renda. Acho complicado, inseguro e até mesmo inconveniente informá-la – você sempre pode atrair alguém que tenha uma renda menor, que esteja mais interessado na sua. Uma amiga colocou que o salário de quem ela buscava (sim, sim... Você também pode dizer qual a renda que seu possível futuro parceiro deve ter) deveria ser acima de dez mil reais. Talvez exista um indivíduo muito interessante que ganhe oito mil e quinhentos reais, mas se sinta intimidado por estar abaixo do objetivo dela. Ou pode haver outro que finja ganhar isso, para tentar dar um possível golpe (pode ser que ela seja rica!). Ou, ainda, pode parecer que ela busque um homem que ganhe bem

O Amor Está na Rede

para se "encostar" nele. E alguns pretendentes podem fugir... São várias as interpretações!

Portanto, é claro que a opção é sua, mas sugiro que você não informe nem a sua renda, nem a que gostaria que a pessoa que você procura tivesse. Afinal, as pessoas estão procurando dinheiro ou amor? Claro que se os dois chegarem juntos, melhor ainda! Mas lembre-se de qual é a sua prioridade...

Filhos

Assunto bem delicado, pois muitas pessoas não querem tê-los, ou não querem alguém que os tenha.

Nesta parte, você apenas informará se os tem ou não e se moram com você ou não. Diga a verdade! Mas na sua apresentação pessoal, você pode falar um pouquinho deles. Sempre coisas positivas (não que eles tomam todo o seu tempo, que brigam demais etc.). Se você tiver a guarda dos filhos, falar bem deles e mostrar que não são empecilho para um relacionamento, talvez seu pretendente fique mais à vontade com isso. Com o tempo e a confiança, você poderá se abrir mais e até contar problemas relacionados aos filhos.

Idiomas

Informe os idiomas que você domina – assim você poderá atrair pessoas que falam os mesmos idiomas e essa pode ser uma "desculpa" para um bom início de conversa. E se você estiver disposto

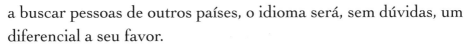

Criando o seu perfil

a buscar pessoas de outros países, o idioma será, sem dúvidas, um diferencial a seu favor.

Veja o exemplo deste homem, que dizia ser fluente em inglês e resolveu fazer uma abordagem no idioma, mandando a seguinte mensagem:

Título: Hello, there!

Amazing file!
Foreign languages ... Know something, I realy enjoy it, in fact, I prefere
What a beauty, YOU ARE ...
Have I found...?
Adventure...!? Living each day! So, how about riding a fast strong 1500 cc jet ski, that both, makes you feel free and living it all...
brain, heart, vains, blood, mussuls, bones, in perfect combination and in total action with a far too strong machine ...
Uau, what an emotion...! Would love you together, feeling that it's possible, so, every other stuffs also are! rsrs
Make it counts, and worth it = that's how I think!

Kiss, xxx (colocou também o telefone e o e-mail)

Se você não sabe bem um idioma, não arrisque. A não ser que você explique que só tem conhecimentos básicos e que vai tentar – o que não era o caso da pessoa em questão. Honestamente, nem dá vontade de traduzir – quem não sabe inglês, não se preocupe: será poupado de muitos erros e, digamos, um "gosto duvidoso"! A impressão que tenho é de que o indivíduo "jogou" o texto em português num tradutor e saiu essa "coisa" (que não dá para chamar de texto) acima, mas, definitivamente, não foi o caso.

Aproveitando, veja também a descrição de quem ele busca:

Nock, nock, are you there? (toc, toc, você está aí? – o correto seria "knock, knock")
Few words, much meaning. (poucas palavras, mas muito significado)
Do you believe in love? (você acredita no amor?)
Try me... (teste-me)

O que, afinal, ele quis dizer? Quem ele busca?

Moradia

Aqui você deve informar se mora só, com os pais etc. Algumas mulheres têm medo de dizer que moram sozinhas. Alguns homens têm vergonha de dizer que não moram sozinhos. Se não se sentir confortável, não informe nada. E você pode explicar a sua situação quando estiver conversando com a pessoa de seu interesse.

Dicas finais

Quando você acabar de preencher o seu perfil, releia-o atentamente e veja se não há inconsistências. Se você foi sempre honesto, dificilmente encontrará alguma. Depois, imagine quem vai ler o seu perfil. Vai causar uma boa impressão? Vai despertar interesse, curiosidade, vontade de fazer a pessoa entrar em contato com você? Você se interessaria por alguém assim? É um perfil monótono ou cheio de emoção e movimento? Tem senso de humor ou é sério demais? É simpático ou arrogante? Lembre-se de que a arrogância afasta as pessoas, enquanto a simpatia abre portas. Capriche! Veja como pode incrementá-lo se ainda estiver insosso.

Peça a pelo menos um amigo de sua confiança para rever seu perfil. Dicas de amigos que nos querem bem são sempre muito bem-vindas!

Dica já fornecida, mas vale enfatizar: pague pelos serviços do site! Assim você poderá se comunicar ilimitadamente e não deixar o amor passar...

13

Primeiras abordagens

Importante: Antes de iniciar este tópico, gostaria de informar que utilizarei exemplos de mensagens recebidas num site de relacionamentos, para que você possa se familiarizar com o que acontece no dia a dia de usuários de um site. Os dados pessoais enviados nas mensagens, bem como os nomes e apelidos dos usuários foram substituídos por "xxx". Números de telefone também foram eliminados. Não houve correção de erros (há inúmeros deles) e nem de palavras abreviadas, como "tb" no lugar de "também". Algumas mensagens foram ligeiramente modificadas, para não serem cópias fiéis dos originais.

As primeiras mensagens são sempre as mais difíceis, pois ainda não temos familiaridade com o negócio como um todo. Alguém entrou em contato com você... Adicionaram você aos favoritos! O que fazer?

É bom lembrar que você pode tentar se comunicar com as pessoas que estiverem on-line naquele exato momento ou não, caso o site disponibilize esta ferramenta. Você pode fazer uma busca simples, também chamada de rápida ou básica, na qual irá procurar apenas pelo sexo, idade, cidade e perfis que contenham foto, por exemplo. Ou você pode fazer uma busca mais detalhada, em que poderá selecionar vários dos itens descritos no tópico anterior. Por exemplo: só quero ver perfis de pessoas da minha cidade, entre 45 e 55 anos, do sexo feminino, com, no mínimo, formação superior, que não fumem, que não bebam ou bebam socialmente etc. Aí você estará apto a escolher as primeiras pessoas para quem enviará mensagens.

Se você receber uma mensagem (estas mensagens são como e-mails trocados dentro do próprio site de relacionamentos), num primeiro momento já poderá avaliar o conteúdo da mesma, antes mesmo de ver o perfil de quem a enviou. Isso já fará com que você economize algum tempo. Você poderá também fazer o inverso, se preferir (mas acho que isso leva mais tempo): ver o perfil do remetente e, se achá-lo totalmente incompatível, nem ler a mensagem.

Como falado anteriormente, julgamos muito as aparências. Então, é bem provável que, se não gostarmos da foto, nem respondamos a uma determinada mensagem.

Se você encontrar um perfil que realmente desperte o seu interesse, não tenha vergonha de escrever, de dar o primeiro passo. Especialmente se for mulher – se você está no site com o objetivo de encontrar alguém, por que não demonstrar interesse? Os homens adoram ser surpreendidos!

A primeira mensagem não pode ser muito longa, nem muito íntima. Deve ter um teor que denote educação, simpatia e sempre passar um ar de bom humor, de alto-astral.

Veja o exemplo abaixo. Dá a impressão de que a candidata já conheceu várias pessoas pelo site e está cansada de procurar alguém...

Oi!!!
Bom, espero que esteja bem!
Não vou ficar escrevendo aquele monte de coisas que vc já sabe que é.
Acredito que o que vc busca aqui, está muito próximo do que eu tb estou buscando. Por isso, tb não estou brincando no site.
Se vc puder me dá uma oportunidade de conhecê-lo melhor, seria um grande prazer!!!
Todo começo se dá por uma boa amizade e o resto se tiver que acontecer, será uma consequência...
Se houver interesse e tiver msn me add: xxx@xxx.com.
Se não, por favor responda do mesmo jeito, assim não te aborreço mais...
Um Bj

Comentário: A parte do "assim não te aborreço mais" dá a impressão de que ela já aborreceu alguém antes (ou talvez já tenha sido aborrecida, pois ela diz "também não estou brincando no site"). Enfim, apesar de a parte central da mensagem estar boa e bem positiva, o seu tom é de alguém que já se cansou de procurar a alma gêmea. Se você se sentir assim, pare de procurar por um tempo – analise seus valores, estabeleça suas prioridades e coloque a sua cabeça em ordem. Se já passar certo desânimo na mensagem, ninguém irá respondê-la.

Talvez você demore para escrever a primeira mensagem, mas depois se sentirá mais à vontade com a situação. Há sites que permitem que você escreva uma única mensagem e a envie para várias pessoas. Não é uma má ideia para economizar tempo, mas se você escrever algo específico sobre uma determinada pessoa, isso lhe mostrará que você se importou, deu uma atenção especial a ela, que ela realmente despertou um grande interesse em você. Pelo menos para as pessoas que você achar mais interessantes, sugiro que envie uma mensagem mais personalizada.

Se você não optar pela mensagem personalizada, tome muito cuidado para não escrever algo muito específico. Exemplo: "eu também adoro idiomas", e mandá-la a uma pessoa que só fale português. Acredite: esse tipo de deslize ocorreu inúmeras vezes. E fica muito desagradável. Veja o exemplo a seguir:

Que tal me dar a oportunidade de saber um pouquinho mais sobre este sorrisinho lindo...
Pois saiba que o seu perfil me encantou e achei em VC uma bela mulher que vale a pena se dedicar por um belo relacionamento..
Vc tem aquele e-Mail pra gente converSar oNline ?
Te aguardo
Carinho

Comentário: a mensagem foi até simpática, mas, para azar do candidato, não havia sorriso nenhum na foto a que ele se referia...

Outra forma de abordagem é a chamada para uma conversa on-line (ainda dentro do site). Apenas os usuários que pagam pelo serviço podem chamar os outros, pagantes ou não, para conversas deste tipo, mas nem todos os sites disponibilizam esta ferramenta. Quando houver a disponibilidade da conversa on-line, você tem a opção de escolher se quer ou não ser chamado para este tipo de conversa. Muita gente acha esta abordagem um pouco agressiva, pois seria como receber a chamada de alguém que você nunca viu, sendo que, geralmente, não dá tempo de avaliar o perfil de quem

O Amor Está na Rede

te chama antes de responder, senão o prazo de resposta expira (a janela para a conversa é fechada por atingir o prazo máximo fornecido para a aceitação da chamada). Imagine, por exemplo, que você seja uma médica e aceite a chamada de um pedreiro (muitas vezes de nível cultural e social diferentes), sem que saiba que ele é um pedreiro. Vocês não terão nada em comum para conversar, a não ser que você esteja reformando a sua casa. Vai ficar chato, não?

Uma opção seria aceitar a chamada de alguém cujo perfil já tenha sido visto ou com quem já tenha trocado mensagens, mas que não tenha adicionado ainda a um programa de conversas instantâneas externo (com mencionado anteriormente, alguns sites já disponibilizam recursos de som e vídeo).

Outro problema que vejo nesse tipo de abordagem é que, às vezes, duas, três ou mais pessoas te chamam enquanto você está numa conversa interessante com alguém. E aí fica a janelinha que te convida para a conversa "pulando" na frente da outra. Isso é bem incômodo e pode atrapalhar a conversa principal. Nada como testar primeiro e depois decidir o que fazer.

Algumas pessoas também podem adicionar você aos favoritos (disponível em praticamente todos os sites). Isso mostra que a pessoa se interessou por você, mas talvez não seja um usuário pagante e, portanto, prefere não mandar mensagem (se você não for pagante, também não poderá lê-la). Outro motivo pode ser a falta de tempo. Alguém vê o seu perfil, quer entrar em contato, mas, por alguma razão, não tem tempo naquele momento. Então a pessoa adiciona você aos favoritos para lembrar-se de entrar em contato depois e não errar o seu apelido, caso tente memorizá-lo.

Uma vantagem de adicionar alguém aos favoritos é que, uma vez que você estiver conectado ao site de relacionamentos, você saberá quando esta pessoa estiver on-line, pois na sua página inicial você poderá ver quem são os seus favoritos conectados naquele momento (na maioria dos sites). Assim, poderá chamá-los para uma conversa instantânea ou enviar uma mensagem (se você for usuário pagante, a maioria dos sites informará que a pessoa leu a sua mensagem a partir do momento em que ela for lida).

PS: enquanto escrevia o livro, alguns sites já começaram a disponibilizar serviço de envio de mensagens a usuários por SMS. Se um usuário cadastrar seu celular no site (obviamente, o número permanecerá sigiloso para os outros usuários), qualquer pessoa poderá lhe enviar um SMS. Já pensou receber diversos SMS por dia? Acho que isso pode se tornar enlouquecedor... Eu preferiria não ativar o serviço e depois analisar os e-mails com calma, no momento oportuno.

13.1. Enviando e recebendo mensagens

Deve-se caprichar muito na mensagem, pois é uma grande chance de você dizer algo interessante à pessoa e mostrar que você realmente leu seu perfil e se interessou por ela. Lembre-se de que a primeira impressão pode não ser a que será guardada, mas para mudá-la depois pode ser necessário um grande esforço.

Se você não for usuário pagante de um site, geralmente não poderá enviar mensagens com seus dados pessoais, como e-mail e telefone – e apenas os usuários pagantes poderão ler as suas mensagens (lembre-se de que, em alguns sites, só membros pagantes podem enviar mensagens). No entanto, muita gente tenta burlar o sistema e você encontrará várias mensagens que parecerão incompreensíveis num primeiro momento, mas depois de um tempo você se habituará a decifrá-las. Palavras como "gmail", "hotmail", "skype", "messenger", o símbolo "@" e outros similares são sempre bloqueadas para usuários não pagantes. Números de telefone também. Muitas pessoas costumam escrever o seu apelido e informam que você poderá encontrá-la "naquele site" – outras dizem "no endereço de e-mail que todo mundo tem". E a mensagem é imediatamente compreendida.

Importante: ao enviar uma mensagem, e também ao responder, lembre-se sempre de perguntar algo, para dar continuidade ao assunto. Caso contrário, se for uma resposta para alguém que se interessou por você, esta pessoa poderá achar que você não ficou muito interessado...

Veja, a seguir, alguns artifícios utilizados pelos usuários para tentar burlar o sistema:

Exemplos:

Hotmail: Rhóhtimeiukhom, ou naquele e-mail quente, ou colocando a parte inicial do e-mail, seguida de "o resto é igual ao de todos".

Primeiras abordagens

Skype: Vamos nos conhecer melhor naquele lugar que é o céu em inglês seguido pela sigla de Pernambuco? (céu em inglês = SKY, sigla = PE; portanto, Skype).

MSN: Vc tem aquele e-Mail pra gente converSar oNline ? Ou: me escreva no "hemmy esçi henny".

Gmail: Eu tenho aquele email que começa com G e é daquele site de buscas, sabe?

Telefone: me ligue no oito dois cinco um quatro quatro três nove.

Mas você vai mesmo se dar ao trabalho de fazer isso? Se você quer o melhor serviço, pague por ele! Os preços são extremamente acessíveis, a não ser que se trate de um site muito específico.

Para os mais preguiçosos, que não quiserem escrever uma mensagem, ou para os mais curiosos, que quiserem saber sobre um determinado tópico, ou ainda para os menos criativos, alguns sites oferecem a opção de perguntas prontas para serem enviadas aos outros candidatos. As respostas também são prontas, como um teste de múltipla escolha. Se o site escolhido por você oferecer esta opção, sugiro que a teste para ver se funciona para você.

A seguir, mostrarei alguns exemplos de mensagens, sendo que seus remetentes, os criadores dos textos, foram classificados por perfis (definidos por mim). Os exemplos de mensagens enviadas por eles servirão como guia do que escrever ou não quando você for enviar uma mensagem a alguém de seu interesse. Há ainda vários outros, talvez quase infinitos, mas aqui pretendi mostrar os mais caricaturais para você ter uma melhor noção do que acontece no site. No final, coloquei exemplos de boas mensagens para serem utilizadas na primeira abordagem.

Lembre-se de que uma mensagem ruim já pode descartar uma visita ao seu perfil e a perda da chance de conhecer a pessoa abordada.

Observação: abro um parêntese aqui para confessar algo. Num site de relacionamentos, você pode até passar por algumas chateações/frustrações, mas garanto que vai, no mínimo, se divertir muito com o teor de algumas mensagens que receber.

No início do tópico, já mostrei o perfil do "franco-atirador" (que envia uma mensagem igual a várias pessoas) e o da "cansada" (já se cansou de procurar a alma gêmea). Na parte em que falei dos idiomas, havia o exemplo do "bilíngue". Veja agora outros perfis encontrados:

O ENGRAÇADINHO

Título: **Bobo por ti (Pode clicar que a minha mensagem abre, foi testada pelo Inmetro)**

Olá!
Adorei seu perfil. Não sabia que anjos também acessavam este site. Ahhhh, tá bom. Eu assumo. Esta cantadinha foi péssima. Mas é difícil escrever algo para alguém que você não conhece e, só de ver as fotos, te deixa bobo.

Primeiras abordagens

A verdade é que eu adoraria ficar ainda mais bobo. Ops! Digo, te conhecer mais. E amigos/paqueras palhaços são ótimos para dias chuvosos.
Você pode dar uma chance para nós dois? No mínimo, vou fazer você rir um pouco! Eu garanto.
Conversar aqui é sempre complicado. No entanto, se quiser me adicionar no MSN, sinta-se à vontade: xxx@hotmail.com. Eu vou adorar!
Beijos,
xxx - O único do site com ISO 9001.

Todo cheio de piadas, brincadeirinhas e muita criatividade. Pode apostar que vai ganhar vários pontos com as mulheres, pois muitas já vão pensar: que cara interessante! Sair do lugar-comum sempre surpreende!

A BANAL

Gostei do seu perfil. Se quiser me conhecer me adiciona no msn ou envia e-mail: xxx@xxx.com.br.
Um abraço.

Difícil despertar o interesse assim, não? Quando você começa a receber várias mensagens, acaba recebendo algumas mais inteligentes e criativas no meio delas. Portanto, uma mensagem como esta, a não ser que a moça da foto fosse deslumbrante, muitas vezes passaria despercebida – principalmente se o homem abordado for do tipo que recebe várias mensagens... PS: pode ser também que ela tenha disparado esta única mensagem a várias pessoas ao mesmo tempo.

O Amor Está na Rede

O ANSIOSO

Olá tudo bem??
E como dizia "Machado de Assis "As melhores mulheres pertencem aos homens mais atrevidos". Estou fazendo minha parte! rs!
Prometo bom papo, cavalheiro, romântico, alegre, divertido, elegante, carinhoso, cheiroso, independente, trabalhador, amigo, justo, sincero, etc... não me perca, estou em extinção, rsrs!
Adorei seu perfil!
Vou abusar, rsrs e deixar meu e-mail (xxx). São os tempos modernos... rs!
Pelo menos um bom e divertido amigo você vai ganhar!?rs!
Aguardo seu contato ansiosamente!
Bjs

O excesso de qualidades demonstra ansiedade (parece que a pessoa está falando sem parar). Já o excesso de "rsrs" denota certa insegurança; portanto, tome cuidado com este tipo de artifício. O "ansiosamente" do final, principalmente numa mensagem em site de relacionamentos, fica algo muito exagerado e literalmente ansioso!

A ATIRADA (com baixa autoestima)

Desculpe mas nao poderia nao deixar um recado p vc – apesar de saber que nao temos nada a ver, pois vi seu perfil. Mas vc é aquela pessoa q n da para passar despercebida.

Primeiras abordagens

Vc é um "Deus Grego" mesmo, seu olhar realmente é penetrante e como.
Vc é tudo de bom! Lindo demais...... Desejo q vc encontre alguem q lhe
ofereça td q vc espera de alguem.
PARABENS pela sua beleza indescritível.
BOA SORTE!!!!!

Comentário: se gostou do cara e o achou tão interessante, por que não falou isso diretamente? Por que se achou tão aquém? A única incompatibilidade que encontrei era com relação a filhos...

O BREGA (e também franco-atirador)

Oi, Prazer, (nome dele)..

Primeiro estou aqui para me apresentar, garanto que as vezes pode até ter recebido uma msg minha, mas a verdade é o seguinte, busco alguem de verdade para algo sério, por besteira ao as vezes por tempo, usei de meios de enviar msgs por e-mail rápido* e não direcionada diretamente, mas se receber este e-mail e quiser alguem que busca alguem de verdade estou aqui de coração aberto, sei que não sou o mais belo ou mais charmoso, mas sou alguem que pode se tornar especial se permitir, não utilizo nem do meio de querer ser o principe do cavalo branco, mas prefiro ser o (nome dele) do Jegue branco, mas ser eu e mostrar que sou verdadeiro, se quiser aceitar como me descrevi, sou uma pessoa extrovertida, estudo, trabalho e adoro sair, tenho muitos amigos, mas ainda falta algo e esta algo é ou

---

* Aquele tipo de mensagem mencionada anteriormente, que é enviada ao mesmo tempo para várias pessoas.

pode ser vc se quiser me conhecer.... meu msn esta ruim mais deixo o meu MSN (XXX).
beijos e prazer e desculpe se incomodei....

O candidato passa um ar de perdido, dando várias explicações/justificativas e, como dizem por aí, "atirando para todos os lados", já que utilizou o e-mail rápido. A mensagem está muito mal-escrita e se intitular o "homem do jegue branco" foi uma das piores cantadas que já vi (ou li) na vida! O texto poderia ser reduzido pela metade.

O ESQUECIDO

Oi, princesa! Nossa q rostinho lindo!!!
Sou novo nisso, apesar de já ter me cadastrado há algum tempo, não entro mto... gostei de você, do seu perfil... você é linda!
Podemos conversar? Seria mto bom te conhecer, saber mais sobre vc... Se tiver msn anote aí: XXX@hotmail.com
Beijus!!
... p.s. Li o seu perfil, este e-mail nao é um spam, qnt a ser uma cantada... rss me desculpe, acho que é sim..você poderia ser "menos" linda!...hehehe ;)
p.s.(2) sou mais bonitinho q nessa foto... digamos q ela não corresponde exatamente a realidade... hehehe(brincadeira)
bjs!

Pois é: ele é mais bonito que na foto e não há foto nem no perfil, nem anexa à mensagem.

Primeiras abordagens

Além disso, a maioria das mulheres de bom nível que conheço odeia ser chamada de "princesa", "linda", "meu amor", "gatinha" e afins. Evite essa abordagem. Evite também colocar muitas reticências. Elas dão a impressão de algo "aéreo". "Sou mais 'bonitinho'"? E... "Beijus"? A quem ele se dirigia? O perfil feminino tinha mais de 30 anos e o remetente também. Se tivesse 18, até deixava passar. Mas um homem escrevendo "bonitinho" e "Beijus"... Sem comentários!

A DIRETA

Oi, Tudo bem?!
Gostei do seu perfil, chamou muito minha atenção... gostaria de te conhecer melhor, posso??
X+Y+Z, junta tudo (sem o +), esse é meu MSN.
Bjs!

O ROMÂNTICO-BREGA:

MENINA TUDO BEM COM VC QUERO FAZER PARTE DA SUA LISTA DE AMIGOS
UMA OTIMA SEMANA... Abra-se para o mundo com um novo olhar;
Diga pra vc mesmo: Eu preciso tornar a minha vida melhor!
Assim, o mundo vai ganhar mais uma cor, o jardim da vida mais uma FLOR, que não tem tempo nem idade, rumo a realização dos seus sonhos, rumo a felicidade.. Acredite na vida, acredite em você..... Bjs....... fique na paz do senhor....... até mais.....
Quero um relacionamento serio.

ADD MEU MSN (XXX). QUAL é seu MSN?
(na sequência, ele colocou "apenas" 16 vídeos de músicas românticas do youtube!)

ABRAÇO MEU AMOR

Dispensa comentários.

A OBJETIVA

Olá, tudo bem?
Gostei do seu perfil... também gosto de sair, dançar e estou procurando uma companhia agradável. Quem sabe não é você?
Veja o meu perfil. Se gostar, te passo meu msn.
Beijos!

Mensagem clara, simples e extremamente objetiva. Do tipo: "se você se interessar, te passo meu MSN. Se não gostar, não perdi meu tempo teclando com você!". Esta moça parece saber o que quer e mostra uma atenção especial, pois relatou as coisas que, como o candidato, também gostava de fazer.

O DETALHISTA-INSEGURO

Oi Moça,
resolvi usar algo completamente novo, vou usar a sinceridade!
Não acho que quem esteja aqui, com toda esta exposição de nossa vida, esteja procurando algo leviano. E é isso que prefiro acreditar!

Primeiras abordagens

Então, vi seu perfil, ADOREI, e acho que podemos nos conhecer e ver o que acontece.
Sou um cara simples, engraçado, comunicativo, a procura de uma grande mulher, como vc.
Já tive relacionamentos, como qualquer cara normal de minha idade, mas fui vendo que com o tempo vamos ficando cada vez mais seletivos, desconfiados, chatos.
Mas neste últimos tempos resolvi relevar tudo isso e sair a procura de um grande amor, pode ser o definitivo, como tbém pode ser uma linda história, sei lá, mas estou disposto a me entregar a uma relação!
Será que vc concorda no ponto de vista? Será que escrevi apenas besteiras? Bem, quem decide é vc!
Quero muiiiiiito te conhecer.
Como não sei se conseguirá me responder, segue meu MSN (xxx), pode me escrever neste e-mail tbém!

BEIJOS (xxx)!!!

Sinceridade é algo novo para ele??? Não creio que uma mulher à procura de um relacionamento sério fosse ler o resto da mensagem...

Mostra insegurança ao escrever demais e ficar perguntando: "será isso?", "será aquilo?".

A DESINTERESSADA OU FRANCO-ATIRADORA

Oi, tudo bem?
Estive olhando seu perfil, é bem interessante.

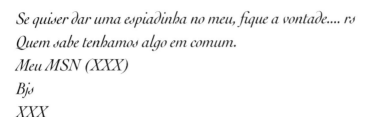

Se quiser dar uma espiadinha no meu, fique a vontade.... rs
Quem sabe tenhamos algo em comum.
Meu MSN (XXX)
Bjs
XXX

"Quem sabe tenhamos algo em comum"? Bom, se ela tivesse lido o perfil do candidato, ela saberia, não é mesmo? Pegou supermal... Será que ela mandou para vários candidatos ao mesmo tempo? Bem possível.

O NARRADOR SEM NOÇÃO

Olá, vou passar algumas informações se vc se interessar é só responder

Sou um homem comum, por vezes de atitudes e jeito... incomum.
Com tudo não sou o tipo que insiste em alterar a vontade dos outros.

Gosto de cinema, teatro e shows, gosto de bons restaurantes mas não abro mão dos botecos que espalham suas mesas pelas calçadas, gosto de jogar conversa fora com os amigos, apesar de não beber; posso ate tomar um chopp ou vinho, gosto de trabalhar, gosto de ficar em casa a toa, assistir tv, ver algum filme, ouvir musicas, tb gosto de pegar meu carro e simplesmente sair dirigindo enquanto ouço minhas musicas prediletas, mas falta algo!

Falta rabiscar um nome, alheio ao assunto de uma reunião, por mais importante que posso ser.

Primeiras abordagens

Falta a motivação e um rosto para cobrir minha mesa de trabalho de porta-retratos.
Falta... discutir futebol com os amigos e... Quando o telefone tocar... [continua]...
Falta... fazer uma ligação as 3 hrs da madrugada e dizer... [continua]...
Falta... ter meu momento de lavar a alma. Diante de um congestionamento em dia de chuva, mesmo que torrencial, sair do carro ofrouxando o nó da gravata, sentar no capô... [continua]...

Falta... entrar no chuveiro cantarolando aquela canção... [continua]...

... achando que meu corpo vai desabar e dormir por dias seguidos, mas da porta... sem sequer me enxugar, concluir que a ultima coisa que eu quero e dormir.

Não sou Rico, batalho pelo que gosto e desejo ter. Não sou bonito (um pouquinho mais que o Richard Gere... e muito! muito! pretencioso) Sei que quando amo sou especial, Me sinto bonito, feliz e com a força de mover o mundo.
Gosto de escrever ja deu pra vc notar,
Não quero te impressionar, quero te mostrar que nos padrões de comportamento masculino, Sou diferente, sou movido pela paixão de amar e não sei viver sem isso

Escreva-me, se tudo nasce com um olhar. O meu está Brilhando!
(e-mail)

Aposto que só alguém que estivesse a fim de analisar o perfil do indivíduo (como eu, para escrever um livro, por exemplo), ou simplesmente quisesse ver até onde ele iria chegar, leria este e-mail até o fim. Não bastasse o excesso (isso porque ainda apaguei várias partes, onde escrevi "continua"), ainda há incontáveis erros de português, de pontuação...

A INSISTENTE SEM NOÇÃO

Oiiiii! Eu de novo!
Já é a quarta mensagem que te mando e você não responde... Talvez você não possa abri-la, por não ser pagante, mas espero que um dia você consiga ler e me responder. Você é um gatoooo, por isso não vou deixar a oportunidade passar!
Me liga: XXX
Bjo, bjo, bjo!

Comentário: se o candidato leu a mensagem sem ser pagante, é porque a moça que lhe escreveu era pagante. Desta forma, ela deverá saber que qualquer pessoa abre e lê as mensagens que ela envia (no site em questão, pelo menos!). Agora imaginem uma pessoa mandar 4 mensagens para o mesmo candidato (sim, eu vi as outras 3)... Totalmente sem noção!

O ROMÂNTICO EM EXCESSO

Adorei seu perfil! SOU APAIXONADO POR mulheres maduras e resolvidas... sou de sampa, 36 anos branco, belo corpo, executivo de

Primeiras abordagens

uma grande empresa - Super Romântico.. intenso. carinhoso ..hiper beijoqueiro, curto desde um programinha romântico como jantar a luz de velas, passeio num parque, até as mais loucas fantasias (tenho mil) .. vivo intensamente.. quero UM NAMORO SÉRIO porem intenso!. Não procuro sexo.. isso não falta a ninguém hj em dia.. procuro uma amiga . namorada.. cumplice.. confidente.. para viver uma história de amor, paixão, tesão, viajar.. namorar, beijar até a boca ficar dolorida, fazer amor até não agüentar mais,.sou assim.. ROMANTICO... adoro mimar, mandar flores, bilhetinhos, fazer surpresas, montar climas.. Chalezinho com lareira, champagne com morango, vídeo com pipoca sob as cobertas... carinho, colo.. dormir de conchinha... conte mais de vc.. vamos trocar fotos/fone.. meu e-mail (XXX) bjs XXX

Cansei-me só de ler tudo o que ele quer fazer (apesar de ter ótimas intenções!)...

MENSAGENS LEGAIS:

1. *Oi, boa tarde!!!*
   Me chamo Flávio, muito prazer, sou engenheiro , viajava muito a trabalho, mas agora estou fixo em Curitiba, trabalhando na gestão de uma empresa.
   Queria dizer que gostei muito do seu perfil, apesar de aqui termos pouco espaço para expressão, em poucas palavras: vc consegue passar suavidade, personalidade bem forte, maturidade, sensibilidade e uma forma alegre de viver.

O Amor Está na Rede

Se desejar, podemos estreitar laços de amizade e nos conhecermos mais.
Beijos,
Flávio.

2. *Título: Eu...*
   Simplesmente adorei o seu perfil!
   Será vc um conquistador? Ou será tudo isso mesmo? Quero te conhecer melhor, posso?
   Sou educada, sincera, adoro dançar (como você), viajar, namorar...
   me add
   XXX o resto é igual o de todos...
   bjs e te espero

3. *Olá, tudo bem com você???*
   Gostaria de poder conhecer você um pouquinho mais - será que poderíamos manter contato?
   Achei legal o teu perfil, porém gostaria poder conversar contigo pessoalmente, se puder me add no seu msn xxx@hotmail.com e quem sabe assim não nos conhecemos melhor??? Também gosto de caminhar!
   Bjos e te espero

4. *Olá, tudo bem com vc?*
   Lendo seu perfil e vendo sua foto, achei vc muito interessante. Vc me passou a ideia de que é um homem educado, sensível, inteligente, enfim, aquele que tem tudo pra encantar uma mulher. Acredito que temos objetivos comuns e seria um prazer poder conversar com vc. Acredito, ainda, que somos muito mais que as imagens ou o que escrevemos aqui,

Primeiras abordagens

mas mesmo assim dê uma olhadinha no meu perfil. Meu msn é XXX@hotmail.com
Beijos, xxx.

5. A melhor – em minha opinião, esta foi a pessoa mais surpreendente!

Assunto: "Agora eu era herói e o meu cavalo só falava inglês..."
Estávamos em um baile de máscaras, em um salão muito bem decorado. Os violinos despejavam acordes pelo ar e os convidados, protegidos pelo anonimato das máscaras, cometiam excessos. Vinho e absinto eram servidos em abundância. Já passava das três e a festa, que atingira seu ápice já havia mais de um par de horas, declinava vagarosamente. Você imaginava quando é que sua companhia iria resolver partir. Quando apareço ao seu lado. Uma figura que havia se aproximado despercebidamente. "A vida pode ser muito mais. Mais interessante ou mais perigosa, mas infinitamente mais deliciosa. Se você quiser." Vestia-me com roupas absolutamente comuns, exceto pela cor, um vermelho incandescente como brasa. Oferto um atraente sorriso e estendo-lhe a mão: "Vem?"

Talvez você não goste dessa mensagem. Mas foi a que mais me surpreendeu: depois de ler tantas coisas iguais e banais, essa é do tipo que nos faz viajar. Convida a algo mais interessante ou perigoso, de uma forma provocante, porém com alto grau de refinamento. As roupas não eram vulgares, mas a cor instigava. Se eu fosse um homem, teria respondido com certeza, mesmo se não me sentisse atraído pela pessoa. No mínimo, seria interessantíssimo ter uma amiga assim. Que sirva de inspiração a muita gente!

PS: Não se assuste se você receber uma mensagem de alguém que seja casado, buscando apenas sexo. Geralmente, estas pessoas não costumam abordar quem está em busca de algo diferente. Mas pode acontecer – talvez até por engano mesmo. É pouco provável, por exemplo, que um homossexual aborde um heterossexual e vice-versa, uma vez que a preferência já está pré-definida no perfil, aparecendo, em suas buscas, apenas pessoas compatíveis com a preferência sexual. A abordagem de pessoas com outras preferências seria uma perda de tempo para ambas. Se acontecer com você, apenas ignore a abordagem. Caso a pessoa insista, bloqueie-a.

14

Passando do site de relacionamentos para mensagens instantâneas e trocando telefones

Após trocar as primeiras mensagens, deve-se passar para conversas em programas de mensagens instantâneas, como Messenger, Skype etc. Até o momento, o Messenger (MSN) é o mais utilizado para este tipo de atividade. Mas logo pode aparecer outra ferramenta, visto que novidades nesta área surgem a todo momento.

Relembrando que os usuários não pagantes, em muitos sites, não têm o direito de enviar mensagens, reforço que você deve pagar pelo serviço, mesmo que apenas por 1 mês, para fazer um teste honesto de um determinado site que tenha lhe interessado. Senão depois você vai dizer que é impossível conhecer alguém num site de relacionamentos.

Neste momento, você já deve ter criado um e-mail específico para se conectar com os candidatos (vamos chamá-lo de e-mail falso). Este e-mail, por sua vez, também deveria ter sido o mesmo utilizado para os cadastros feitos nos sites de relacionamentos escolhidos.

É ele que você vai fornecer ao seu interlocutor – reforço sempre o fator segurança pessoal. Se você passar um e-mail que contenha seu nome e sobrenome e tiver um sobrenome que seja raro de se encontrar no Brasil, a pessoa pode, em questão de minutos, descobrir até o seu endereço, se você estiver cadastrado na companhia telefônica e não tiver solicitado à mesma o bloqueio dos seus dados. Estas informações estão abertas na internet. Você sabia disso? Você também poderá ser descoberto em sites como Orkut, Facebook, LinkedIn, e isso não é nada seguro, concorda? Um dia um pretendente poderia estar lhe esperando na porta da sua casa...

As dicas para as primeiras conversas são basicamente as mesmas para a criação do perfil: otimismo, simpatia, educação e, indubitavelmente, transparência e honestidade.

Não passe nenhum dado pessoal enquanto não sentir segurança e/ou certa dose de confiança no interlocutor. Se ele lhe informar o seu nome, sobrenome etc. logo de cara, suspeite! Ou a pessoa é ingênua, ou pode querer demonstrar confiança demais para que você também se sinta assim, gerando uma rápida "falsa-intimidade", com o objetivo de conseguir algo (não necessariamente bom) depois. Se for apenas ingenuidade, tudo bem, você descobrirá isso no futuro. Acredite: ainda há muitas pessoas ingênuas ou despreocupadas por aí – principalmente do sexo masculino (talvez por acharem que nunca serão "atacados", por serem, em geral, mais fortes que as mulheres). Mesmo que seja o caso de ingenuidade do interlocutor, você não deve sentir a obrigação de passar seus dados só porque a outra pessoa passou os dela.

Quando, então, você pode liberar os dados? A resposta para essa pergunta é, como mencionado no parágrafo anterior: quando você sentir segurança, confiança na outra pessoa. Isso varia de pessoa para pessoa, da quantidade de tempo que já se falaram. Enfim, vai da percepção de cada um.

Sugiro que converse com o "candidato" algumas vezes e, se rolar uma empatia boa, vocês podem passar para conversas por *webcam* e microfone. Aliás, acho isso imprescindível – você deve estar munido desde o início de uma câmera e um microfone (muitos notebooks e desktops já vêm com eles instalados), pois assim os riscos de decepção quando se encontrarem pessoalmente são quase nulos.

Quando eu conheci meu marido, já tínhamos conversado por cerca de 1 mês. Eu até fiz uma viagem para o exterior no período, o que gerou um ar de mistério e uma ansiedade ainda maior para o primeiro encontro – achei isso bem bacana e instigante! Conversamos várias vezes com o recurso de voz do programa e apenas a câmera do meu marido ligada – eu acabei não ligando a minha e ele não se incomodou (na verdade, nunca me pediu para ligá-la), mas confesso que no dia em que saímos, fiquei com medo que ele me achasse totalmente diferente da foto, uma vez que ainda não tinha me visto – lembre-se que, por mais que a foto seja exatamente a nossa cara, quando nos movimentamos, sorrimos etc., damos vida à foto e isso pode ser bom ou ruim, dependendo de quem estiver julgando. Então, apesar de eu não ter procedido da forma que julgo correta, sugiro a você que o faça – vai ser melhor para os dois lados, mas, principalmente, para você.

Com o tempo, você começa a perceber alguns traços da personalidade da pessoa. Ela se irrita facilmente? Responde com grosserias? Foge de assuntos que você aborda? Demora demais para responder? Parece controladora até pelas mensagens? Tome cuidado! Agora, se for uma pessoa educada, tranquila, acessível, disponível, que parece não querer esconder nada, você pode ficar um pouco mais sossegado, mas nunca totalmente – a verdadeira segurança só vai acontecer com o tempo e a convivência.

No dia em que sentir que pode trocar telefones, troque sempre os números de celular. Se a pessoa quiser passar o telefone de casa, tudo bem. Mas não forneça o seu. Nem mesmo o do trabalho, pois, se estiver falando com um perseguidor, poderá ter sérios problemas no futuro, além de um dia poder ter, no caso, uma desagradável surpresa ao sair do trabalho e se deparar com o inesperado. Não se sinta nunca obrigado a fazer algo apenas porque a outra pessoa o fez.

Ligue sempre do celular – assim, mesmo se ligar para um fixo e houver identificador de chamadas, tudo bem, pois este número já tinha sido fornecido por você. Não deixe que rastreiem outros números seus.

Converse com a pessoa em dias e horários diferentes (manhã, tarde, noite, dia de semana, final de semana, de casa, do trabalho...). Tente conversar à noite e nos finais de semana, em horários bem variados, para ver se a pessoa quase sempre atende e está disponível. Se não houver muita disponibilidade para a pessoa lhe

Passando do site de relacionamentos para mensagens instantâneas e trocando telefones

atender à noite ou nos finais de semana, é extremamente provável que ela seja comprometida (possivelmente casada). A *webcam* e o microfone ajudam muito neste momento também – se a pessoa for casada, não poderá usar estes instrumentos de casa. Há um tópico que mostra como identificar pessoas casadas mais adiante.

Nos primeiros sinais de qualquer comportamento suspeito, fique atento. Teste a pessoa e, se continuar desconfiando, parta para outra.

Neste período, que podemos até chamar de período de experiência, você deve tentar tirar todas as dúvidas que tiver sobre a pessoa e também testá-la, perguntando algumas coisas pela segunda vez, para ver se suas respostas são consistentes.

Grave as conversas no seu computador (pode ser no próprio programa de conversas instantâneas ou em arquivos no Word – eu prefiro estes) e depois de um tempo dê uma lida nelas, para ver se não há controvérsias. Isso também é bom para você se lembrar de coisas escritas nos primeiros bate-papos e comentar algo pertinente durante as futuras conversas, mostrando que a pessoa é importante para você e que se lembrava de coisas que ela havia falado. Além disso, se você estiver conversando com mais de uma pessoa (não no exato momento, por favor, mas às vezes acontece de rolarem conversas com duas ou mais pessoas interessantes num mesmo período), evitará confusões – já pensou se você perguntar como vai o gato de uma pessoa (porque algum outro candidato potencial tem um) e ela nem gostar de animais? Fique atento.

Se você achar que o momento chegou, não enrole mais – não existe uma receita de bolo que diga: no dia 1 você faz isso, no 2 aquilo... Mas não demore muito tempo para conhecer alguém –

senão uma parte pode idealizar demais a outra e a química não rolar no primeiro encontro. Aconselho, apenas, que se for a primeira vez que vai sair com alguém, tente esperar umas duas ou três semanas, pelo menos, para obter mais informações e sentir maior tranquilidade. Está pronto? Marque a data!

15

Conhecendo pessoas em outras cidades

Muitos usuários de sites de relacionamentos acabam se envolvendo com pessoas de outra cidade. Alguns usuários não se importam com a localização de sua futura alma gêmea. Outros especificam no perfil que só responderão as mensagens de alguém que seja da mesma cidade, ou esteja, no máximo, a tantos quilômetros de distância. Mesmo assim, acabam recebendo mensagens de pessoas de outras cidades e terminam por mudar de ideia.

Não há nenhum problema nisso, mas ambos têm que estar cientes de que se tiverem intenção de um relacionamento sério, um dos candidatos provavelmente terá que mudar de cidade e também que alguns cuidados adicionais devem ser tomados, já que viajar para conhecer alguém envolve riscos maiores.

Se você pegar um ônibus ou avião, de preferência não informe o horário de chegada. Diga que fará uma surpresa. Se a pessoa insistir demais em buscá-lo no ponto de chegada, desconfie! Pode ser que a pessoa seja um golpista tentando pregar uma armadilha. É preferível desistir do encontro, mesmo que a passagem já esteja comprada. Uma pessoa séria vai compreender a sua precaução. Armadilhas podem ser pregadas em ambos os sexos – mulheres também dão muitos golpes. Se achar muito chato não passar a informação do local e do horário de chegada, deixe a pessoa ir até lá, tome um café, se for o caso, mas depois diga que vai de táxi ao hotel descansar um pouco e vocês se veem mais tarde. Jamais entre no carro de um desconhecido! Nem mesmo mais tarde, quando saírem novamente, após ter visto a pessoa apenas por alguns minutos ou horas. Preste atenção para ver se não está sendo seguido.

Vença o impulso! Muita gente se deixa levar pela "emoção do momento" e acaba não resistindo aos encantos do desconhecido. Mantenha-se firme em seu propósito de não entrar no carro da outra pessoa. Jamais vá para sua casa ou hotel também – nem mesmo depois do primeiro encontro – apesar de parecer alguém que você conhece muito bem, lembre-se: é apenas um desconhecido. Psicopatas são capazes de se tornarem íntimos em poucas horas...

De preferência, agende o táxi através de uma companhia que você mesmo tenha descoberto pela internet. Nunca deixe que a outra pessoa o agende para você.

A pessoa que viaja deve sempre ficar num hotel, cujo endereço não deve ser informado à outra. Caso você não tenha condições de pagar um hotel, ou mesmo de fazer a viagem, peça que a outra pessoa o faça. Nunca aceite ficar na casa da pessoa, por mais próxima que ela tenha parecido nos últimos tempos. Também não coloque um estranho na sua casa. É sempre melhor que o homem viaje para conhecer a mulher; nunca o contrário.

O ideal é que ambos se encontrem num local pré-definido, de preferência que a pessoa de fora, mesmo sem conhecer a cidade, escolha. Algum conhecido que more na cidade pode dar sugestões. Caso não conheça ninguém, a internet pode ajudar e o pessoal do hotel também. Programe-se antes da viagem. Vá e volte só do encontro, de táxi.

Ainda antes de viajar, deixe todos os dados obtidos da pessoa com uma ou mais pessoas de sua confiança. Deixe também o endereço do local onde será o encontro e o horário. Informe a que horas planeja voltar e vá mandando informações. Mesmo que tenha que ir ao banheiro para enviar SMS, ou peça que alguém ligue uma ou duas vezes durante o encontro para checar se tudo está bem. Diga sempre à pessoa que seus familiares e amigos sabem exatamente onde você está e com quem. Avise quando estiver de volta ao hotel.

E, finalmente, lembre-se de usar apenas o celular para se comunicar. Assim o seu hotel permanecerá em sigilo e você se sentirá mais seguro.

16

Identificando pessoas casadas

Existem muitas pessoas casadas em sites de relacionamentos. Li, num artigo de um site americano, replicado em vários outros sites e blogs na internet, que aproximadamente 25% das pessoas cadastradas em sites de relacionamentos são casadas. Não sei se este número é correto ou não, e menos ainda os dados do Brasil, mas o importante é que elas estão na rede e você deve evitá-las.

Aqui no Brasil existem alguns sites destinados apenas às pessoas casadas. Mas, fora do país, há inúmeros! Enquanto elas estiverem nos sites comuns, misturadas às outras (solteiras, separadas, viúvas...), vou mostrar como identificá-las.

Existem dois tipos de pessoas casadas: as que se identificam como tal e as que dizem ser solteiras. Se uma pessoa se identifica como casada, você já a elimina imediatamente de qualquer tipo de contato após verificar o seu perfil (ou mesmo ler algo referente a

Identificando pessoas casadas

isso numa mensagem recebida). O problema está nas pessoas que se dizem solteiras.

Você vai ver que não é a coisa mais difícil do mundo identificá-las.

Pessoas casadas não têm fotos no perfil ou colocam uma foto meio distante, não muito nítida, com artifícios como boné e óculos de sol, a fim de não serem reconhecidas. Dificilmente enviarão uma foto por e-mail – só devem "mostrar a cara" na conversa on-line, porque aí não há muito risco. Afinal, aparecerá uma foto pequena, sem boa definição.

Estas pessoas demorarão para pedir o seu número de telefone e, quase sempre, não fornecerão o delas. Quando fornecerem o número, é sempre o do celular, mesmo depois de iniciado algum tipo de relacionamento "não-virtual". Falar com uma delas é quase uma missão impossível fora do horário do expediente de trabalho – à noite e nos finais de semana, elas quase nunca estarão on-line e tampouco lhe ligarão ou atenderão ao telefone (caso tenham fornecido um número). Sempre terão alguma desculpa para dar (cuidado, porque algumas pessoas viajam muito a trabalho e se conectam de fora, passando a impressão de serem livres).

Nas conversas, tanto on-line quanto por telefone, estas pessoas serão muito misteriosas com relação ao seu passado e à sua família. Afinal, não podem passar muitos detalhes, não é mesmo?

As pessoas casadas também não vão dizer exatamente onde moram (talvez o bairro...) e também não dirão o seu sobrenome, nem o nome da empresa em que trabalham.

Se você acabar saindo com uma pessoa casada por não ter percebido nada antes do primeiro encontro, você descobrirá mais adiante, sem dúvidas. A pessoa não estará disponível em momentos críticos, como finais de semana, criará desculpas para não conhecer seus amigos nem sua família e não irá apresentar ninguém do seu círculo social a você. Talvez conheça e saia algumas vezes com os seus amigos, mas nunca com os dela. Se você está apaixonado por alguém, não quer logo apresentar à sua família e amigos?

Se desconfiar ou descobrir que uma pessoa é casada, abandone-a imediatamente. Acredito que você não queira isso para si! Dificilmente uma pessoa casada deixa o cônjuge. E, se deixar, a probabilidade de que faça o mesmo com a próxima vítima é enorme...

Vale ressaltar que algumas pessoas casadas apenas buscam pessoas casadas. Muito provavelmente porque creem que estas, por estarem na mesma situação, não lhes trarão problemas no futuro.

PS: há tanto mulheres quanto homens casados em sites de relacionamentos.

17

Identificando golpistas

Há muitos golpes aplicados em pessoas que utilizam a internet para se relacionarem com outras, e nem sempre é fácil evitá-los.

O golpe mais comum é a tentativa de obtenção de dinheiro da vítima. O golpista não tem muita pressa – talvez porque esteja aplicando o golpe em outras pessoas também, mas, principalmente, porque sabe que precisa seduzir a vítima primeiramente.

No entanto, alguns já pedem dinheiro logo de cara, devido a uma súbita emergência inventada. Estes são mais facilmente identificáveis e você deve bloqueá-los imediatamente, caso aconteça com você. Lembre-se de que as pessoas em sites de relacionamento devem estar em busca de amor, não de dinheiro.

Outros seduzem a vítima e acabam se instalando na casa delas. Sempre com alguma história muito triste, que faz com que a vítima sinta pena deles. E assim vão, de golpe em golpe, fazendo com que cada vítima lhes ofereça moradia, comida e, por que não, dinheiro? Ao serem descobertos, se não forem denunciados (e presos), buscam novas vítimas.

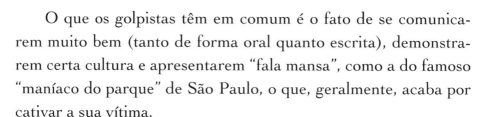

O que os golpistas têm em comum é o fato de se comunicarem muito bem (tanto de forma oral quanto escrita), demonstrarem certa cultura e apresentarem "fala mansa", como a do famoso "maníaco do parque" de São Paulo, o que, geralmente, acaba por cativar a sua vítima.

Um golpe muito comum pode acontecer quando você conhece uma pessoa de outro país. Depois de um tempo, o envolvimento emocional aumenta (quando a pessoa está próxima, você marca de sair com ela, mas e quando está em um lugar muito distante?), tornando a aplicação do golpe mais fácil.

O caso de mulheres russas é um dos mais famosos. Estas mulheres são conhecidas por sua beleza e os homens russos não são os mais "queridos" (machistas, bebem muito...). Então, à procura de uma vida melhor, na qual recebam o que consideram o verdadeiro amor, as mulheres russas saem em busca de homens ocidentais um pouco mais velhos (geralmente, dos EUA e Europa, mas, algumas vezes, aqui do Brasil também). Existem diversos sites de relacionamentos oferecendo noivas russas – e homens do mundo todo à procura de uma delas. Muitas podem ser honestas, mas ficaram famosas as que buscam o passaporte para sair da Rússia a qualquer preço (portanto, precisam de visto, dinheiro, passagem, cidadania de outro país, um lugar para ficar, alguém para as acolher...). Algumas mulheres russas (às vezes são homens se fazendo passar por mulheres, dizendo que não têm câmeras etc.) se aproveitam de pessoas carentes que estão em sites de relacionamentos. As pessoas ficam extremamente envolvidas, mas não podem conhecê-las pessoalmente, vê-las, tocá-las, por estarem longe. E aí vem o golpe, aplicado numa pessoa fragilizada: "Por favor, pague-

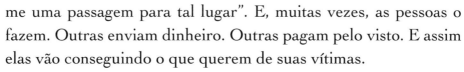

me uma passagem para tal lugar". E, muitas vezes, as pessoas o fazem. Outras enviam dinheiro. Outras pagam pelo visto. E assim elas vão conseguindo o que querem de suas vítimas.

Os golpistas sempre contam histórias que fazem as vítimas sentirem pena deles. E a comoção facilita os golpes, que podem ser infinitos – sempre que um é descoberto, vários novos golpes são criados.

Outro golpe envolve o envio de dinheiro ao golpista de tempos em tempos – a vítima acaba trocando o dinheiro por um pouco da companhia do golpista, por exemplo, já que este não está por perto. O golpista diz que tem um parente doente e não tem dinheiro para ajudar etc.

A comunicação por e-mail é a preferida dos golpistas que estão em outro país. Eles não usarão câmeras e divulgarão fotos falsas, que devem ter sido "roubadas" de perfis encontrados em sites de relacionamentos, por exemplo. E sempre são fotos de pessoas muito bonitas.

Os golpistas não falarão muito deles, mas irão querer saber muito de você. Pessoas carentes caem mais no golpe, pois creem ter encontrado um ótimo ouvinte – e quem não gosta de confiar em quem nos ouve e nos dá atenção? Fique esperto: se a pessoa se desvencilhar das suas perguntas, seguramente há algo de errado com ela.

Muito provavelmente, os golpes ocorrem com mais frequência em pessoas mais velhas, as quais têm maior probabilidade de terem mais dinheiro, e também em pessoas fragilizadas, como divorciadas e viúvas.

O Amor Está na Rede

Tenho um amigo que conheceu uma russa na internet. Ele já estava com quase 40 anos, nunca havia sido casado e estava apaixonado pela russa novinha que o havia seduzido. Ela queria que ele desse dinheiro para ela vir visitá-lo no Brasil. E ele queria fazer isso... Disse que ambos estavam muito apaixonados. Tentei convencê-lo de que era um golpe, mas ele estava quase irredutível. No entanto, como ele estava muito indeciso, depois de um tempo disse a ela que achava que era muito cedo para o encontro. A garota, então, deve ter percebido que não ia conseguir nada com ele e desapareceu "para todo o sempre, amém!". Provavelmente, ela tinha outras vítimas mais fáceis e resolveu investir onde tinha mais chance de ganhar... Sorte do meu amigo!

Na época em que eu estava no site de relacionamentos holandês, me lembrei que um holandês queria muito vir para o Brasil me conhecer, mas o trabalho não lhe permitia naquele momento. Então ele me ofereceu uma passagem para a Holanda! Fiquei indignada... (acho que fiquei até com raiva por ele poder imaginar que eu não tivesse dinheiro para fazer a viagem, se quisesse). Se eu nunca pedi nada e já me ofereceram, imagine uma pessoa que seduz alguém com esse objetivo... Há muitas pessoas inocentes e carentes na internet. Mas lembre-se: são as mesmas pessoas que estão no mundo "não-virtual". Assim como os golpistas. Portanto, previna-se!

Uma última dica: se alguém lhe pedir dinheiro, diga que você também está necessitado e que também havia pensado em pedi-lo emprestado à pessoa em questão. A pessoa deverá desaparecer rapidinho (isso se não tentar convencer você a pedir um empréstimo num banco ou afins)...

Identificando golpistas

E nunca se esqueça de reportar o golpista ao site em que o conheceu. No exterior existem muitos sites com informações de casos que já ocorreram e dos golpes mais comuns, a fim de alertar e prevenir as pessoas. Aqui no Brasil, não encontrei nenhum site do gênero, mas a sugestão é a mesma: não fique com vergonha de se expor e faça a denúncia! Não apenas ao site, que poderá bloquear ou mesmo rastrear o indivíduo, mas também à polícia. As provas guardadas no computador servirão como evidências. Assim, você poderá não somente escapar do golpe, mas livrar outras pessoas também!

PS: muitos golpistas utilizam sites gratuitos (são sites que não cobram pelo serviço). Portanto, sugiro que você não se cadastre neles, preferindo sempre os sites que cobram pelo serviço.

18

Cuidado! Você está sendo... perseguido!

Há alguns usuários extremamente desagradáveis e você deverá tomar alguma providência se um deles entrar em contato de modo inconveniente.

Quando eu estava cadastrada, uma grande amiga minha também se cadastrou e um homem muito inteligente e interessante a abordou. Começaram a conversar pelo Messenger, mas ela logo desconfiou que ele não fosse muito normal. Era muito arrogante, irritava-se facilmente e agia de forma estranha, além de nunca pedir seu telefone, nem de sugerir um encontro. Só queria manter contato assim. Mas eles não conversavam muito, somente algumas noites, por pouco tempo, uma vez que ela estava viajando muito a trabalho, passando, às vezes, mais de 10 dias por mês fora do país. Ele era inteligente, mas lhe cansava, por ser demasiado infantil. E ela estava tentando ser menos crítica, por isso não o bloqueou imediatamente.

Cuidado! Você está sendo... perseguido!

Depois de umas oito conversas, ela resolveu descobrir qual era a intenção dele, afinal, e pediu o seu telefone. Mas ele não queria fornecer o número. Não se sentia seguro. Aí resolveu passar o número de telefone fixo – ele morava sozinho, segundo dizia. Ela ligou num dia útil, no meio da tarde, só para ver no que dava. E a ligação foi logo direcionada à secretária eletrônica, que tinha uma gravação dizendo seu nome e sobrenome. Isso lhe deu mais tranquilidade, mas, mesmo assim, havia algo de estranho nele e ela acabou por nem tentar descobrir mais profundamente, depois do que aconteceu no relato a seguir.

Falaram-se uma vez, finalmente, por telefone, e ele disse que estava muito doente (ela mencionou que a voz dele estava mesmo péssima; era bem mais animada na gravação) e achava que talvez precisasse ir ao hospital; contudo, mal conseguia se mexer e não tinha parentes no país – era estrangeiro, mas morava aqui havia 18 anos –, nem amigos para ajudá-lo. Só para testá-lo e ver se era do tipo que queria jogá-la numa armadilha – podia até ser um tarado sexual ou alguém que quisesse matá-la (sim, quem busca um relacionamento, tanto real, quanto virtualmente, deve se preocupar com todos os desconhecidos, pois, muitas vezes, mesmo os conhecidos podem nos surpreender de modo ruim!), perguntou se ele queria que ela o ajudasse. E, para a nossa surpresa, ele disse que não! Ela continuou insistindo, para ver a reação dele, e ele não aceitou a ajuda! Então ela teve certeza de que ele realmente era desajustado, pois, nos dois casos, ele mostrava comportamentos estranhos:

1. Ela achou que ele disse que não tinha amigos, nem parentes, para tentar comovê-la (mulheres, geralmente, são bastante

sensíveis) e atraí-la para uma armadilha. Mas não foi o caso. Então, uma pessoa que mora num país por vários anos de sua vida e que não tem ninguém para ajudar num momento de desespero não pode ser muito normal! Nem um vizinho ele quis chamar.
2. Se ele fosse apenas um louco ou um tarado, ele também não seria normal.

Conclusão: vetado! Corrigindo: bloqueado! No dia seguinte, seu perfil foi bloqueado e ele não poderia mais vê-la.

Mas a história não parou por aí. Ela nunca pensou que ele fosse incomodá-la tanto! Ele mandava longos e-mails, pelo menos uma vez por semana – falando todo o tipo de bobagens, sem muitas ofensas, mas querendo dizer que ela era maluca – ela??? – por haver sumido de repente e outras coisas do gênero. Não bastasse isso, como ela bloqueou o perfil dele no site, ele criou novos perfis, para tentar importuná-la e/ou vigiá-la. Mas no site ele não podia fazer nada, a não ser ver se ela ainda estava disponível ou não. E aí mandava e-mails dizendo que a viu on-line, perguntava por que ela não lhe dava uma chance, se ainda estava disponível... Perseguição total! Ainda bem que o seu e-mail era falso e ele nunca soube seu nome completo.

Mas, como ela acabou aprendendo a gerenciar muito bem essa situação (depois que se acostumou, porque no início ficou bem assustada), pois não invadia a sua vida nem a sua privacidade (afinal, nem o seu número de celular ele tinha), ela o ignorou. E me lembro que, mesmo depois de já estar namorando há alguns

Cuidado! Você está sendo... perseguido!

meses (isso porque ainda tinha levado um tempo para que ela conhecesse aquele namorado – também o conheceu na internet, mas acabaram o namoro depois de quase 1 ano), ele ainda lhe mandava algumas mensagens, dizendo que ia bloqueá-la para sempre, que era a sua última chance!

Quis relatar este caso aqui para que você, leitor, também fique prevenido contra possíveis perseguidores. Se notar algum tipo de comportamento estranho na pessoa, mantenha o sinal amarelo ligado. E vá testando a pessoa até se sentir seguro ou descobrir que é melhor não seguir adiante.

Se alguém lhe importunar muito, bloqueie! Se não funcionar, reporte o ocorrido ao site (mandando e-mail ou reportando abuso pelo próprio perfil da pessoa, quando o site disponibilizar o serviço) – alguma providência será tomada. Em último caso, descadastre-se deste site e recomece em outro.

19

Viciados em namoro on-line

Sim, sim. Eles também existem!

Há uma grande emoção ao se conhecer uma pessoa nova. Mas muita gente acha que a próxima pessoa pode ainda ser melhor. É como um jogo, no qual você pode até ter ganhado um bom dinheiro, mas sempre fica com o sentimento de que a próxima rodada vai ser infinitamente mais lucrativa.

Encontros on-line podem ser viciantes, pois, de uma hora para outra, você, que não tinha onde conhecer alguém interessante, descobre que pode conhecer diversas pessoas diferentes em questão de cliques. Isso não soa maravilhoso?

É bem provável que todas as pessoas passem pelo que prefiro chamar de "vício leve", o qual pode ser considerado algo dentro da normalidade e não trará sérias consequências. O problema é quando ocorre o exagero e o vício se instala.

Geralmente, os viciados de verdade se cadastram em vários sites ao mesmo tempo. E a maioria deles também continua com seus perfis (mais de um) ativados depois de começar a se relacionar com alguém (muitas vezes, por mais de ano). Verificam os si-

Viciados em namoro on-line

tes várias vezes ao dia, até mesmo quando a pessoa está junto e se levanta para ir a outro cômodo ou atender o telefone (ainda mais nos dias de hoje, em que podemos nos conectar à internet até dentro do banheiro, apenas levando o celular escondido no bolso!). Isso não para – e, na maioria das vezes, o relacionamento acaba.

Você pode desconfiar de um viciado por algumas atitudes, como, por exemplo: pessoas que demoram demais para te responder numa conversa (é bem possível que elas estejam conversando com outras pessoas ao mesmo tempo), pessoas que ficam on-line no site de relacionamentos o dia todo (não importa a hora que você se conecte – ela está sempre on-line!), aquelas que não apagam os perfis após começarem um relacionamento sério e também aquelas que estão sempre inquietas, tentando usar a internet. Desconfie! Preste atenção no comportamento da pessoa e você conseguirá descobrir logo. Mas lembre-se de que uma pessoa pode até preencher quase todos os requisitos acima e não estar viciada – pelo menos por enquanto...

Tudo o que é novo pode nos viciar por um tempo. Ainda mais quando se trata de alguém que já é viciado em internet.

Eu já li muitas histórias sobre os viciados. Mas eu mesma acho que nunca conheci um – pelo menos num site de relacionamentos, pois tenho um amigo que parece estar adquirindo este comportamento. Outro dia fomos a um aniversário e ele estava lá sozinho – tinha terminado um longo namoro há alguns meses. Num determinado momento, ele quis ir embora – era razoavelmente cedo, o bolo nem havia sido cortado –, perguntamos se ele estava cansado, se tinha algum compromisso bem cedo no dia seguinte... Ele respondeu que não via a hora de chegar em casa para verificar se tinha recebido alguma mensagem interessante no site de relacionamentos! E aí contou que a cada semana saía com uma mulher diferente. Que nunca mais teria um relacionamento duradouro, porque sempre existia a possibilidade de conhecer alguém melhor (uma mulher mais bonita, mais interessante...). Não tenho condições de julgar se isso é uma fase temporária ou não, mas o comportamento dele já mostra vários indícios de um viciado em namoro on-line.

Viciados on-line são como os outros: às vezes deixam de comer, de tomar banho e até mesmo de dormir para desfrutar de seu vício. Isso acaba afetando o seu dia a dia, pois seu rendimento no trabalho diminui, a pessoa quase nunca sai com os amigos e quer apenas ficar diante do computador (ou celular com internet etc.). Já vi várias pessoas assim com relação ao e-mail, ao Twitter, ao Facebook etc. – naquela ânsia de ler ou digitar alguma mensagem. Eu mesma já tive meus momentos. Mas, geralmente, isso ocorre por um determinado motivo (a espera de um contato de uma pessoa em particular – não de um contato qualquer de qualquer desconhecido, por exemplo), ou por estar ainda vivenciando a fase da descoberta da novidade. Depois de um tempo, isso perde a graça e o vício some. O problema é quando ele não some...

Não sou psicóloga, mas creio que apenas as pessoas mais propensas a vícios em geral se deixam levar pela situação. As outras, geralmente, sabem lidar com ela muito bem.

Se você achar que está se viciando nos sites ou nos contatos, estabeleça um momento do dia para entrar no site e só entre naquele momento. Ele deve durar, no máximo, meia hora. Outra dica consiste em só sair com uma pessoa por vez, parar a busca enquanto estiver vendo alguém e só voltar a fazer buscas e conversar com pessoas novas quando a relação anterior estiver definitivamente acabada.

Tome cuidado para não se tornar um viciado em relacionamentos: você só vai magoar quem estiver por perto. E tome mais cuidado ainda para não se envolver com um deles, pois é muito mais provável que ele deixe você, e não o vício...

20

Vontade de desistir da busca

Em vários momentos, você terá vontade de desistir de procurar alguém no site de relacionamentos. Na busca "não-virtual", por exemplo, você não se cansa também? Às vezes, vai a uma balada atrás de outra, a vários bares, frequenta vários cursos etc. e fica literalmente "de saco cheio" de não encontrar ninguém. Aí diz para si mesmo e, algumas vezes, até para os amigos: "Não vou mais sair! Não vou mais fazer nada para tentar o encontrar o amor. O amor que bata à minha porta, se quiser".

Sempre que se conhece alguém por quem foram nutridas expectativas e a recíproca não é verdadeira, a frustração é tanta que inúmeras pessoas ficam com vontade de desistir. Raras são aquelas que imediatamente partem para a próxima conquista. A frustração também ocorre quando você fica semanas, meses, ou até mesmo anos tentando encontrar alguém que realmente desperte o seu interesse, mas não consegue.

Sentir-se assim é extremamente normal. A gente se sente assim com o trabalho também: "vou procurar outro emprego; estou cansado deste!". Mas, depois de um tempo, passa. Ou, melhor

Vontade de desistir da busca

ainda: você encontra um novo trabalho ou um novo amor! Acredite...

Na internet não é diferente. Salvo raríssimas exceções (pessoas que entram no site, pagam por apenas 1 mês e já encontram alguém especial – isso existe, sim: é o caso do meu marido!), há momentos em que você terá vontade de excluir seu perfil para sempre.

Faça o seguinte: deixe de ser um usuário pagante. Deixe seu perfil no site, abandonado por um tempo, se quiser. Não o acesse. Pode até mesmo tirar as suas fotos do perfil, para que quase ninguém o visite.

Se você estiver realmente decidido a abandonar o site, pode também fazer isso. Sugiro que copie o seu perfil e salve-o antes de excluir. Assim, se você quiser voltar logo, não terá que pensar novamente em tudo o que irá escrever. Você também poderá escrever coisas novas e compará-las às antigas. Se o antigo estiver melhor, use-o como fonte de inspiração. Contudo, se tiver passado um tempo razoável, pode até ser que o seu estado de espírito tenha mudado para melhor e você consiga escrever coisas mais legais ainda sobre você ou sobre quem você busca. Mas é sempre bom guardar o antigo. Até mesmo para você refletir sobre as suas mudanças pessoais.

Passada a fase de "abandono de navio", você voltará a se sentir mais otimista com relação ao site. E poderá voltar quando quiser, mesmo que seja num site diferente para mudar de ares.

21

O primeiro encontro. E agora?

Sem a menor sombra de dúvidas, bate um desespero antes do primeiro encontro. Para os mais inseguros e ansiosos, o desespero pode ser grande. Para outros, apenas uma leve agitação que passa completamente despercebida. Sugiro que as pessoas mais nervosas pensem que estão se encontrando com alguém que já é conhecido e, se for o caso, podem ensaiar um pouco da conversa, falando para si mesmas, em voz alta, as coisas que gostariam de dizer no encontro, ou ensaiando até mesmo em frente ao espelho, se preferirem. Não há problema nenhum nisso.

Lembre-se das dicas dadas anteriormente: nunca saia com uma pessoa antes de ter conversado com ela em pelo menos uns 5 dias diferentes, em horários e situações diferentes. E, de preferência, vejam-se pela *webcam* antes, pois isso evita muitos arrependimentos e surpresas desagradáveis. As fotos enganam muito; então, caso não tenham se visto pela câmera, use fotos atuais nas conversas instantâneas, a fim de que a sua imagem tenha a maior

O primeiro encontro. E agora?

proximidade possível de sua real aparência. Mude a foto a cada 2 dias – assim, a outra pessoa terá várias ideias de como você parece ser. Conversas por MSN ou Skype com microfone sempre ajudam a diminuir a insegurança.

O primeiro encontro deve ser num lugar público – de preferência um café, pois, caso não tenha rolado uma empatia imediata, você pode sempre sair mais rapidamente do encontro. Já pensou se vocês marcam num restaurante e o encontro não é como o imaginado? Talvez você tenha que esperar a entrada, o prato principal, a sobremesa e, frequentemente, a demora no atendimento. Não arrisque! Escolha logo um café: são lugares movimentados, onde se pode comer ou beber algo rapidamente e, do mesmo modo, "fugir" rapidamente. Mas, se você chegou até aqui, é difícil não haver alguma empatia. Mesmo que não haja atração física, pode nascer uma bonita amizade.

Sugiro um lugar público também devido à segurança. Você nunca viu a pessoa, não a conhece intimamente bem, então não deve ficar com ela num lugar isolado. Se a pessoa for, como dizem por aí, "um maluco da internet", você poderá se desvencilhar mais facilmente, sem nenhuma cena escandalosa.

Nunca vá a lugares isolados e distantes – pode ser uma armadilha. Vá a lugares centrais e muito movimentados – shopping centers podem ser uma ótima ideia.

Outra dica de segurança: antes de sair com a pessoa, descubra vários dados dela, como sobrenome, telefone celular e residencial (já testados!), onde ela trabalha, seu perfil em outros sites de relacionamento, como Orkut, por exemplo – assim você pode acompanhar por uns dias o seu comportamento: ver se ela está adicionando várias pessoas do mesmo sexo num curto espaço de tempo, as quais podem ter sido conhecidas em sites de relacionamentos, ver as comunidades dela, etc. Se ela fornecer o nome da empresa (eu sugiro que você não faça isso, mas muita gente o faz), ligue no local e veja se ela realmente trabalha lá. Pesquise seu nome no Google e veja se as informações batem. Enfim, junte tudo o que você conseguir. Isso trará maior segurança para você. Mas lembre-se de que existem algumas pessoas que não curtem as redes sociais e talvez você não as encontre em nenhum site do gênero, nem mesmo no Google.

Antes de sair, sempre deixe o nome completo da pessoa, os telefones e quaisquer outros dados que tiver obtido com alguém de sua confiança. Se você não der um retorno para esta pessoa até uma determinada hora, previamente combinada, ela deve ligar a você para ver se tudo está bem. Quanto mais você se prevenir, melhor!

Outro dia, uma amiga conheceu um cara e se interessou por ele. Quando entrou em seu Orkut, achou mensagens do tipo "Fulana, nunca vou te esquecer", "Você é a mulher da minha vida"... Se a pessoa em questão vive de passado, você não vai nem cogitar sair com ela, não é mesmo? Espero, definitivamente, que não. Casos como este têm pouquíssimas chances de dar certo e já vi isso acontecer algumas vezes. A pessoa geralmente "usa" a primeira vítima que aparece para tentar esquecer a paixão/amor anterior e isso provavelmente não terá bons resultados. E, subitamente, esta pessoa aparece apaixonada por alguém. Surpresa: não é você!

Se você está a fim de um relacionamento sério – e imagino que não estaria lendo este livro se não fosse o caso, não vai sair

O primeiro encontro. E agora?

com uma mulher que dá em cima de todos os caras do Orkut e vice-versa. Acho o Orkut e o Facebook ferramentas valiosíssimas para "sacar" o perfil de uma pessoa (se ela usar estas redes, obviamente). É claro que muita gente faz brincadeiras nesse tipo de site e você precisa saber diferenciar as coisas. Mas você pode ver se a pessoa vive em função disso, se ela expõe a sua vida toda lá ou é mais reservada... Enfim, tente descobrir o máximo que puder da vida dela antes do encontro. E, sendo bem egoísta, mas tratando-se de um caso de proteção... Tente esconder o máximo da sua vida. Entenda bem: não é esconder que tipo de pessoa você é. Mas esconder seus dados pessoais, o local onde você trabalha... Assim, se você estiver se encontrando com um perseguidor, ficará mais fácil desaparecer depois.

Prepare-se para o primeiro encontro: faça com que seja inesquecível!

Você deve se vestir adequadamente para a situação. Se forem a um café, o homem não deve ir vestido de terno e gravata (jamais deve ir direto do trabalho; deve se arrumar para a ocasião), nem com roupas desleixadas. O mesmo vale para a mulher.

O asseio é algo extremamente importante: roupas limpas e bem passadas, aparência de quem tomou banho (espero que tenha tomado mesmo!), unhas limpas e bem feitas, dentes escovados, cabelos em ordem e, para as mulheres, nada de muita maquiagem. Um perfume discreto sempre cai bem. Saia como se fosse um encontro casual, com os acessórios indicados para a ocasião.

Nunca, jamais, em hipótese nenhuma, dê o seu endereço e peça que te busquem em casa ou vá buscar alguém. Sempre vá sozinho. Se a pessoa insistir muito, desconfie. Talvez seja melhor cancelar o encontro.

Não minta! Isso vale para todo o período antes do encontro, para o encontro e para depois dele também, obviamente. Mentir é feio, desrespeitoso e acredite em mim: se você encontrar uma pessoa inteligente, ela lhe pegará na mentira num piscar de olhos.

Seja sempre otimista e positivo. Mostre emoção e energia ao falar – ninguém quer sair com uma pessoa que pareça um "morto-vivo".

Não fale demais. Fale um tanto, ouça outro tanto. Mostre interesse no outro ao fazer isso. Preste atenção de verdade. Olhe nos olhos. Pergunte. Interaja. Sorria. Dê, ao outro, a chance de expor o seu ponto de vista. Não há nada mais chato do que ir a um encontro que pareça um monólogo – além do que, se só você falar, vai ficar sem conhecer o outro. Você não deve ser egocêntrico, mas também não deve se autodestruir.

Elogie, caso tenha se interessado. Mostre que a companhia é agradável e, se possível, diga isso. Dê dicas de que gostaria de continuar a conversa, o contato.

Não pergunte demais. É claro que você vai estar muito curioso, querendo saber muitas coisas sobre a outra pessoa, mas tome cuidado para que não pareça uma entrevista de emprego. Dificilmente as pessoas se sentem atraídas por alguém assim; dá a impressão de que terão que dar satisfação sobre tudo o que fizerem, o tempo todo. Afinal, você já conversou bastante com ela antes do primeiro encontro e já teve a oportunidade de obter e guardar várias informações.

O primeiro encontro. E agora?

Não demonstre carência, nem muita insegurança. Não fale de relacionamentos passados e jamais faça comparações.

Seja firme: mostre segurança no que faz e no que fala. Não finja saber sobre determinados assuntos – você poderá ser questionado e o encontro perderá o encanto, provavelmente pra sempre.

Não beba (pelo menos muito): se você beber demais, vai dar vexame e a chance de a outra pessoa perder o interesse é de quase 100%. Além disso, o álcool pode afetar o seu julgamento e você poderá tanto falar quanto fazer coisas que não teria dito ou feito caso estivesse sóbrio. Se estiver muito frio e vocês optarem por tomar vinho, tome apenas uma taça, se souber que isso lhe afetará minimamente (mas, neste caso, lembre-se de ir e voltar de táxi – sem dirigir e sem carona da pessoa que irá encontrar!!!). E tome cuidado com o que estiver bebendo – se você se distrair com algo ou sair da mesa, peça outra bebida. Excesso de segurança pode ser algo bom, mesmo que pareça um pouco exagerado.

Evite fumar perto da pessoa. Não há nada mais desagradável que alguém fumar num primeiro encontro, sabendo que a outra pessoa não curte cigarros (isso já é um fator da pré-seleção do perfil – se a pessoa fumar, você pode até optar por não conhecê-la, mas às vezes isso se torna um fato quase irrelevante se vier a conhecê-la melhor e acabar se apaixonando por ela).

Não mascar chiclete também é algo que denota educação e respeito. Aliás, respeite sempre a outra pessoa!

Evite gírias e palavrões. Mesmo que você os use muito, tente evitá-los num primeiro encontro. Isso mostra que você está preocupado em causar uma boa impressão.

Não deixe seus pertences com a outra pessoa, caso tenha que se levantar para fumar, ir ao banheiro ou por qualquer outra razão.

Seja sempre gentil – isso vale para homens e mulheres. Os homens devem sempre abrir a porta e se oferecer para pagar a conta. Caberá à mulher a decisão de deixar ou de se oferecer para dividi-la.

Não fale sobre planos de casamento ou de filhos. Não fale muito dos seus filhos, se os tiver. Haverá muito tempo para isso, caso vocês sejam compatíveis.

Não acredite que está seguro porque a pessoa tem ótima aparência e bom papo. Os maiores psicopatas são pessoas interessantíssimas, num primeiro momento, e extremamente sedutoras. Fique sempre alerta a qualquer sinal estranho – se sentir que há algo errado, é muito provável que haja mesmo... Confie nos seus instintos!

Também nunca se esqueça de ser pontual! A não-pontualidade mostra desrespeito, desinteresse e aumenta o nervosismo de quem espera.

No final do encontro, dê indícios de que gostou da pessoa, mesmo que de modo sutil. Esse é o momento decisivo! Pela conversa da noite, já será possível saber se haverá continuidade. Se o homem for tímido, tome a iniciativa e diga que gostaria de um novo encontro. O sinal já ficou verde – ele saberá que pode ligar. Se gostar da mulher, diga que vai ligar. Se não gostar, despeça-se e agradeça pela companhia, de forma rápida e polida, não deixando esperanças. Uma mulher inteligente vai entender o recado.

Você deve estar se perguntando se deve rolar um beijo ou não. Tudo vai depender do momento e das pessoas em questão. Se não houver beijo, mas houver interesse, dê um abraço apertado, que também vale por mil palavras não ditas. Se não houver interesse, despeça-se com um abraço rápido de coleguismo.

22

Quando a conversa não rola

Agora que vocês já se conheceram, aconteceu aquilo que vocês torciam contra: a empatia não rolou. Talvez os dois tenham ficado extremamente nervosos e nem um pouco à vontade, mas, se isso ocorreu, dificilmente haverá um segundo encontro.

Neste caso, não saia "correndo", nem faça cara de tédio. A pessoa se preocupou em ir até ali conhecer você e pode estar sentindo a mesma coisa. Se vocês conversaram bastante antes e decidiram se encontrar é porque, no mínimo, devem ter vários pontos em comum. Portanto, essa pessoa não pode ser tão insuportável assim e é possível que se torne até um grande amigo no futuro. Não deixe a oportunidade passar.

Não mostre que você detestou a pessoa, mas também não lhe dê esperanças. Sentir dó de alguém só vai piorar a situação para ambos. Não a despreze – afinal, você não gostaria que isso acontecesse com você.

Converse pelo tempo que achar suficiente e depois diga que precisa ir. Se estiver muito inseguro antes do encontro, já diga que só poderá ficar por algum tempo. Assim, este tempo poderá ser menor se você não vir futuro na relação, ou maior, caso você se interesse.

Você também pode dizer que talvez tenha que sair para uma reunião e pedir a um amigo que lhe telefone, decorridos uns 20 minutos da hora do encontro, havendo estabelecido um código. Você poderá dizer "ah, claro, estarei lá em 1 hora" – se não tiver gostado da pessoa, ou fingir que a pretensa reunião à qual você precisava ir foi cancelada, caso queira permanecer no encontro. As soluções são infinitas – use sua criatividade!

Outro dia, uma amiga saiu para um café com um cara que conheceu na internet. E me pediu que ligasse para ela decorridos 15 minutos do horário programado para o encontro. Se ela não tivesse gostado do cara, ia fingir que eu a estava chamando para uma reunião. Ela já tinha lhe avisado que receberia a ligação. Como ela gostou do cara, fingiu que eu liguei para cancelar a reunião. Foi uma ideia superbacana. Como eu era a única pessoa que sabia do encontro, uma vez que a família dela não aprovaria um encontro deste tipo (ela viajou a outro Estado para conhecê-lo!), pedi-lhe que deixasse todos os dados do candidato comigo. Então eu tinha seu nome, seu sobrenome, seu celular, seu Orkut... Tinha até o Orkut da filha e o da ex-mulher dele! E não seria muito difícil descobrir outras informações.

Se não houver interesse real por nenhuma das duas partes e a amizade também parecer não rolar, a partir deste momento será muito difícil que vocês voltem a se comunicar. Às vezes, as pessoas trocam mais 1 ou 2 mensagens apenas para "não ficar chato".

Mas também pode acontecer de apenas uma pessoa não ter se animado e a outra ter ficado superempolgada, achando que há chances de continuidade. A pessoa que ficou interessada deve tentar contatar a outra no máximo duas vezes. Se não houver resposta, deve entender o recado: a pessoa não está a fim de você. Parta para outra!

23

Decepção total

Se a conversa não rolou por qualquer que seja a razão, tudo bem. O importante é que você viu a pessoa e ela era exatamente como se descreveu ou como você viu pela câmera – claro que mesmo a câmera pode enganar, mas muito pouco. Já sugeri o que fazer caso a conversa não tenha rolado.

No entanto, há outra situação que é bem pior que essa: a mentira!

Imagine que você combinou de sair com a "loira_gata", que disse não ter câmera. Ela afirmou ter 1,80 m, longos cabelos loiros e olhos azuis. E, na hora do encontro, você vê uma mulher com cerca de 10 cm a menos, cabelos bem mal tingidos e lentes! Se você gostou da surpresa, tudo bem. Se tomou um susto, não se acanhe! A escolha é sua – você pode ficar um pouco para que a pessoa não se sinta uma bruxa, ou dizer que ela não era o que estava esperando e ir embora. Quem mente tem que saber que a mentira pode levar a consequências desagradáveis e estar preparado para a rejeição. Se a mentira não tivesse existido, provavelmente o encontro também não e a situação desagradável teria sido evitada.

Nos primeiros encontros, a expectativa também é muito alta. Então, o melhor a fazer é tentar se controlar bem e não achar que a primeira pessoa que encontrar já será o grande amor de sua vida. Você ficou tantos anos sem encontrá-lo, não seria uma sorte absurda encontrá-lo no primeiro encontro? Até pode acontecer, mas não conte com isso. Você se sentirá melhor depois!

O lado bom de ter uma decepção no primeiro encontro é que você terá muito mais malícia nos próximos. Dificilmente se deixará enganar uma segunda vez.

E, o mais importante de tudo: não desista! As dificuldades estão aí para serem vencidas. Você não vai deixar de procurar o amor apenas porque a primeira tentativa não deu certo, verdade?

24

O segundo encontro

O primeiro encontro foi ótimo... Perfeito!
Muita gente já se beija no primeiro encontro. Se rolou um entrosamento forte, nada mais normal. Outras pessoas, talvez por estarem mais apreensivas, ou por quererem fazer tudo com calma, marcam o segundo encontro.

E aí vem aquele sentimento maravilhoso, que domina todo o nosso corpo e os nossos pensamentos: a paixão. Você está totalmente apaixonado por aquela pessoa que conheceu através do computador. Bom demais? Sem dúvidas!

A partir de agora, as coisas passam a seguir os mesmos passos de um relacionamento "não-virtual". Claro que você deve apenas tomar mais cuidado com esta pessoa do que tomaria com o grande amigo de um superamigo seu. Afinal, você não tem nenhuma referência sobre a pessoa em questão. Isso só vai acontecer com o tempo, a partir do momento em que começar a conhecer seus amigos, a sua família e vice-versa. E ao conhecer melhor a própria pessoa, também.

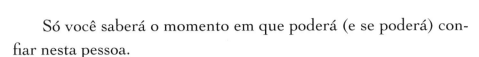

O segundo encontro

Só você saberá o momento em que poderá (e se poderá) confiar nesta pessoa.

Se o segundo encontro foi marcado, parabéns! Você tem grandes chances de se tornar o mais novo comprometido do mercado. Se a pessoa parecer valer a pena, não desperdice a chance! Invista na relação sem desespero, por favor!

25

Como agir de agora em diante?

Espere uns dias para ver o que vai acontecer. Vocês continuam se falando? Marcaram outros encontros? Ótimo! Não adianta você sair do primeiro encontro, completamente apaixonado, e esperar que a outra pessoa remova seu perfil do site no dia seguinte. E muito menos fazer cobranças!

Essa também é uma questão de percepção e bom senso – a não ser que tudo seja dito claramente. Se você achar que vale mesmo a pena investir nessa pessoa, não se conecte mais. Mas, depois de um determinado tempo, é preciso que ela aja do mesmo modo. Geralmente, isso acontece quando se define a relação: ou quando já estão saindo juntos praticamente todos os finais de semana e conversando várias vezes durante a semana, ou quando dão um nome a essa relação: namoro.

Isso exige exclusividade (pelo menos para a maioria das pessoas) – portanto, os dois perfis devem ser removidos do site naquele momento, caso ainda não tenham sido. Aliás, de todos os

Como agir de agora em diante?

sites de relacionamentos, no caso de estarem cadastrados em mais de um. Isso demonstra respeito, interesse e fidelidade. Mesmo que o site já esteja pago por alguns meses vindouros, seu cadastro deve ser completamente excluído.

Há alguns modos de descobrir se a pessoa abandonou o site. Um deles é pedir a um amigo cadastrado para ver se o perfil não está mais disponível mesmo – também dá para ver a última vez que a pessoa se conectou, caso o perfil ainda esteja ativo. Se ela continuar se conectando diariamente... Desconfie! Alguns sites (bem raros) também permitem que você faça uma busca de usuários e pode ocorrer de você encontrar a pessoa na lista gerada pela busca e ver seu último acesso. Mas não encontrá-la não significa que ela abandonou o site – por isso, este método não é muito seguro. Finalmente, você pode criar um perfil falso somente para verificar.

A última sugestão parece "feia e desonesta", mas pense bem... E se a pessoa for uma daquelas viciadas que eu mencionei anteriormente? Não é melhor descobrir no início, antes de estar extremamente envolvido? E se ela não for realmente honesta?

Só não use o seu próprio perfil para verificar se a pessoa removeu o dela, por dois motivos: algum amigo dela (ou ela, com um perfil falso) poderá estar te monitorando também e informar que você se conectou, dando motivos à pessoa para achar que você continua na busca; ou porque a pessoa pode ter bloqueado você e, como você não mais encontrará o perfil, achará que ela se descadastrou.

De qualquer modo, as pessoas sempre podem estar mal-intencionadas e criar outro perfil. Isso, só o tempo irá revelar...

Se a pessoa não remover o perfil, ou tentar se justificar demais, ou mentir e continuar se conectando e fingindo que esqueceu de removê-lo... Cartão vermelho para ela! Pode ser que já tenha se tornado uma pessoa viciada em sites de relacionamento. Ou não quer nada sério...

Outro fator a ser lembrado: se a pessoa estava conhecendo algumas outras pessoas na internet e mesmo fora dela, uma vez que estava desimpedida, é normal que algumas delas ainda tentem manter contato. Não se sinta traído se o seu novo namorado ainda receber alguns torpedos ou telefonemas. Obviamente, o seu parceiro não deverá atender o telefone, nem responder a mensagem (pelo menos na sua frente). Isso pode acontecer e é extremamente normal. Afinal, ninguém mandaria um torpedo à sua lista de contatos avisando que está comprometido. Depois de um tempo, as pessoas são avisadas ou ignoradas e as abordagens acabam. Só suspeite se isso não acabar e, pior, continuar acontecendo com frequência.

Ajustados estes detalhes, você já pode se considerar um grande vencedor! E o mais novo comprometido do país! Se isso acontecer com você, comemore, conte aos seus amigos. Você poderá, como eu espero estar fazendo, ajudar muitas outras pessoas a serem felizes como você...

Lembre-se, você também, da frase que a minha mãe me escreveu na adolescência: "desistir, antes mesmo de tentar, não seria assumir desde já o seu fracasso?".

26

Exemplos verídicos de finais felizes*

Ana (32) e Fernando (39) – ambos de São Paulo.

Fernando estava no site de relacionamentos havia 2 meses. Ana, havia pouco mais de 1 ano.

Ana é médica, era solteira e mal tinha tempo para sair com os amigos. "Imagine sair para conhecer gente nova, depois de chegar em casa cansada e ter feito várias cirurgias... Não tinha cabeça pra nada", dizia ela.

Fernando também é médico, tímido, estava separado e sem filhos. Sentia as mesmas dificuldades que Ana, com o agravante da timidez.

Ana havia saído com apenas uma pessoa quando Fernando apareceu. Com aquela pessoa acabou rolando somente amizade,

---

* Alguns nomes, idades e cidades foram trocados para respeitar a privacidade dos envolvidos.

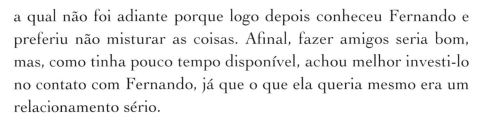

a qual não foi adiante porque logo depois conheceu Fernando e preferiu não misturar as coisas. Afinal, fazer amigos seria bom, mas, como tinha pouco tempo disponível, achou melhor investi-lo no contato com Fernando, já que o que ela queria mesmo era um relacionamento sério.

Logo que Fernando entrou no site, Ana viu seu perfil entre os novatos e se interessou, principalmente pelo fato de ele também ser médico. No entanto, Fernando não havia colocado foto, o que a deixou um pouco ressabiada. Como seu perfil era novo, ela aguardou uns dias para ver se a foto aparecia. Mas não. Então criou coragem e deu o primeiro passo: enviou uma mensagem a Fernando e lhe pediu uma foto.

Fernando respondeu muito educadamente, o que fez com que Ana se sentisse confortável com a situação. Além da foto (que, por sinal, Ana gostou – mas gostou ainda mais quando o viu pessoalmente), Fernando também enviou seu e-mail a ela e os dois se adicionaram no MSN.

Fernando confessou a Ana que havia ficado impressionado com a foto dela e mais ainda com o fato de ela também ser médica.

Obviamente, os dois tinham muito em comum para conversar: além da medicina, partilhavam uma paixão por viagens para lugares exóticos e por vinhos. Não bastasse isso, descobriram que estudaram no mesmo colégio na infância!

Inusitadamente, depois de 1 mês e meio de conversas e agendas conflitantes, resolveram marcar o encontro: num local onde haveria uma degustação de vinhos. Assim, seria uma ocasião em que teriam algo em comum para partilhar e que poderiam entrar e sair a qualquer momento, sem ter a obrigação de ficar lá por horas a fio, caso não rolasse empatia.

Exemplos verídicos de finais felizes

No entanto, a noite foi maravilhosa! Como esperado, os dois se identificaram muitíssimo e conversaram o tempo todo, naquele clima de romance que os enamorados sentem. No final da degustação, Fernando comprou o vinho que eles mais gostaram e o ofereceu a Ana: "este vinho é um presente para nós, para tomarmos no nosso próximo encontro, no restaurante que você escolher". Ótima sinalização de que ele queria continuidade...

O novo encontro ocorreu uma semana depois e, no final do jantar, rolou um beijo. A partir de então, começaram a namorar. Depois de 8 meses, foram morar juntos e estão juntos até hoje – no total, 2 anos e 3 meses. Pensam em ter filhos em breve.

Ana recomenda: "não tenha medo, nem vergonha de procurar o amor. Não tenha preconceitos com a internet – podia ter conhecido o Fernando num hospital, num congresso... E, no fim, estávamos a alguns cliques de distância. Entrar num site de relacionamentos foi a melhor decisão que tomei na vida, depois da Medicina. Tente você também."

Fernando recomenda: "nunca imaginei que encontraria o amor na internet. Indico principalmente para as pessoas tímidas e muito ocupadas, que não têm muito tempo para sair e conhecer gente nova. Pare de perder tempo: pode ser que o amor da sua vida esteja num site de relacionamentos, como o meu estava!"

Débora (45) e Paulo (52) – ambos do Paraná

Débora tinha experiência de 3 anos em sites de relacionamentos e Paulo também.

Débora é arquiteta e nunca havia se casado. Sempre saía com amigas, fez cursos e fez uso de vários outros meios criativos a fim de tentar encontrar alguém que despertasse seu verdadeiro interesse. Depois dos 30 anos, teve apenas 2 namoros sérios, e nenhum passou de 6 meses.

Paulo é administrador, separado, pai de dois filhos adolescentes. Estava separado havia 5 anos e não encontrava um novo amor desde que se separou. Teve alguns namoricos, mas nada muito sério, como ele gostaria que fosse.

Débora e três amigas (algo meio "Sex and the City"), cansadas de encontrar pessoas erradas, resolveram, então, cadastrar-se em um site de relacionamentos. Uma das amigas de Débora já arrumou um namorado no segundo mês, as outras duas desistiram logo no início e Débora persistiu, pois achou que ali poderia encontrar um grande amor. E estava certa.

Apesar de estarem pelo mesmo tempo em sites de relacionamentos, Débora e Paulo estavam em sites diferentes. Até que Débora resolveu utilizar um site novo, mantendo seu perfil no site que já usava também.

Depois de umas duas semanas no novo site, recebeu uma mensagem de Paulo. E os dois começaram a conversar por MSN. O problema é que Paulo estava fora do país a trabalho, num projeto que duraria 6 meses, e só fazia 2 que ele havia viajado. Ele voltaria ao Brasil após 1 mês, por apenas 15 dias, para depois viajar novamente por outros 3 meses.

Neste primeiro mês em que se conheceram, a afinidade era tão grande que os dois passavam horas e horas conversando diariamente, apesar da diferença de fuso. Passaram a utilizar o Skype. E a sintonia era perfeita, mas Débora estava tentando controlar sua ansiedade, pois já havia saído com outras pessoas com quem também tivera afinidade e não tinha dado em nada.

Exemplos verídicos de finais felizes

Nas duas semanas que Paulo passou no Brasil, eles saíram quatro vezes e resolveram iniciar um namoro à distância, enquanto Paulo não voltasse definitivamente ao país. Assim, continuavam se falando por Skype quase que diariamente, até que Paulo a convidou a ir encontrá-lo nos dias que Débora tinha de férias.

Com toda a coragem do mundo, Débora arrumou suas malas e partiu para a Europa para viver sua primeira lua de mel. Paulo levou-a para conhecer o sul da França e os dois não desgrudaram mais.

Hoje, já estão juntos há 1 ano e meio e vão se casar nos próximos meses, numa cerimônia íntima para os familiares, como Débora sempre quis.

Débora recomenda: "estava muito difícil encontrar o amor, mas eu nunca perdi a esperança. Sofri muito com o preconceito da família, que me julgava uma 'quarentona-encalhada'. Confesso que foi realmente difícil fazer 40 anos solteira. Hoje sou uma mulher muito feliz e realizada no amor. Dificilmente eu teria conhecido o Paulo no dia a dia. A internet nos deu a oportunidade, principalmente num momento em que ele nem mesmo estava no país. Pode ser que o seu amor não esteja na internet, mas pode ser que sim. Então, por que não se dar uma chance?"

Paulo recomenda: "como a Débora, eu também queria um grande amor. E, talvez por já ser um pouco mais velho, tinha muitas exigências. Os sites de relacionamento são ótimos, porque ajudam a filtrar bastante a sua escolha. Eu, por exemplo, não suportaria uma mulher que fumasse ou que fosse uma religiosa fervorosa. Assim, o site já ajudou a restringir a minha busca. Também queria uma mulher culta, com formação superior, enfim, que tivesse um nível similar ao meu. Isso foi perfeito para que eu encontrasse a Débora. Valeu a pena!"

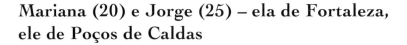

Mariana (20) e Jorge (25) – ela de Fortaleza, ele de Poços de Caldas

(exemplo de casal que se conheceu em site de relacionamentos, mas não um site que buscasse especificamente o amor)

Mariana e Jorge são grandes amigos meus. Conheceram-se do modo mais inesperado que alguém poderia imaginar.

Conheci a Mariana (só sei chamá-la de Mari) quando morava fora do país. Ao voltarmos ao Brasil, o Orkut estava na moda e eu aderi imediatamente. Como não queria perder o contato com a Mari, lhe enviei um convite, mas ela não o aceitava nunca. Então eu insisti, insisti... E ela acabou cedendo ("por você", dizia).

Cerca de 2 meses depois, Jorge adicionou-a como amiga no Orkut. Eles participavam de uma mesma comunidade – foi lá que Jorge a viu pela primeira vez. Como ele era homônimo de um vizinho de infância da Mari e no seu perfil havia a foto de um bebê (e assim ficava impossível saber quem era), ela o aceitou como amigo, supondo que fosse o seu "vizinho chato", como ela mesma disse. E os dois nunca se falaram.

Até que, em certo dia, a Mari resolveu mudar sua foto de perfil do Orkut – colocou apenas os seus olhos. E que olhos lindos essa minha amiga tem! Quando o Jorge viu a nova foto (viu como uma foto pode fazer toda a diferença?), ficou maravilhado e adicionou-a ao seu MSN imediatamente! Ela estava on-line naquele momento e o aceitou – até então, ela tinha certeza de que ele era o seu vizinho.

Enfim, os dois descobriram que ela havia aceitado seu convite no Orkut por engano e descobriram também uma imensa afinida-

Exemplos verídicos de finais felizes

de – veja bem, caro leitor, o que vou contar aqui não é nada normal de acontecer, é do tipo de coisa que acontece talvez em 0,000001% das vezes... Mas aconteceu! Nessa mesma noite, os dois ficaram teclando e se descobrindo por mais de 4 horas. No final da conversa, os dois disseram que iriam se casar. Sem nunca terem se visto, se tocado! Isso foi por volta de novembro de 2004.

A Mari me contou tudo e eu achava que ela havia enlouquecido. Mas eu estava errada.

Depois do dia em que se conheceram, os dois passaram, virtualmente, todas as noites juntos. Não ficaram um dia sequer sem se falar. Somente na noite de Natal (cerca de 1 mês e meio depois que haviam se conhecido) ligaram as suas câmeras. Foi a primeira vez que se viram. E ficaram ainda mais convencidos de seu amor.

Começaram a namorar – virtualmente mesmo – e só se conheceram pessoalmente 2 meses depois, em janeiro de 2005. Sim, sim, parece conversa de louco, mas não é e eu sou testemunha – talvez somente por isso eu acredite!

Para mim, aquilo era a maior loucura do mundo, a coisa mais sem pé nem cabeça que eu já havia escutado. Imagine para um leitor que tenha receio até mesmo de se cadastrar num site de relacionamentos...

Em fevereiro de 2005, fui passar o Carnaval em Fortaleza, na casa da Mari. E ela me disse que eles se casariam em julho. Eu quase pirei... Dei mil e um conselhos (como se ela tivesse pedido – mas eu estava superpreocupada; afinal, ela só tinha 20 anos!!!), e ela aparentava estar extremamente segura da sua decisão. A Mari sempre surpreendeu por ter a maturidade de uma pessoa bem mais velha.

O Amor Está na Rede

Em seguida, ela foi a Poços de Caldas conhecer a família dele. Depois ele voltou a Fortaleza e em maio de 2005 se mudou definitivamente para lá.

Em julho de 2005, a Mari fez 21 anos e eu retornei a Fortaleza: para o seu casamento!

Foi uma das maiores emoções da minha vida ver essa amiga de quem eu gosto tanto subir ao altar! E o melhor de tudo: sempre ouvi-la dizer que foi graças a mim que ela conheceu o amor de sua vida.

Que sorte ter amigos naquele Estado de praias belíssimas, o Ceará – assim, vou pra lá sempre que posso. E foi o que acabei de fazer: fui visitá-los por uma semana. O Jorge estava em São Paulo e meu marido não podia viajar. Então, fiquei uns dias curtindo a minha amiga e os pequenos. Sim, os pequenos! O Jorge chegou um dia antes da minha volta e demos muitas risadas juntos.

Os dois estão superfelizes, já têm dois meninos (o mais novo estava com apenas 3 meses e meio) e a vida vai muito bem! Estão completando 5 anos de casados.

E quem acreditaria nessa história tão linda? Ou tão absurda? Não parece de contos de fadas?

Observação: A Mari tem duas irmãs que também se casaram com homens que conheceram pela internet. Uma família modernamente conectada!

Além da Mari, tenho outra amiga que se casou com alguém que conheceu no Orkut – ela e o marido tinham um amigo em comum e o marido, ao ver a sua foto, disse ao amigo que queria conhecê-

Exemplos verídicos de finais felizes

la. Os dois também se apaixonaram e hoje estão casados há pouco mais de 3 anos e tiveram um menino em 2009.

Nos últimos meses, acabei conhecendo algumas outras histórias felizes de pessoas que se conheceram pelo Orkut, Facebook e até mesmo pelo Twitter!

Erica e André (eu e meu amor – ambos de São Paulo, ambos com 34 anos, ambos administradores de empresas... e tem mais!)

E agora chego ao momento mais esperado, ao ponto alto do livro, à minha própria história, com meu grande amor.

Como falei, eu já estava num site de relacionamentos brasileiro havia quase 1 ano e meio (sendo que 6 meses sem foto). E não havia encontrado ninguém interessante. Mas como sou ariana, e arianos não desistem nunca (principalmente quando querem muito alguma coisa), resolvi insistir um pouquinho mais.

Já o André teve uma entrada engraçada no site. Numa determinada noite, foi a uma "balada" com dois amigos e os três se sentiram totalmente perdidos. O André tinha saído havia quase 1 ano de um relacionamento longo, que não deu certo. Então aquilo, para ele, era o outro mundo, e os seus amigos, que também tinham saído de relacionamentos recentemente e também eram tímidos, resolveram que ali não seria o lugar ideal para conhecer uma mulher. Então um deles deu a ideia de se cadastrarem num site de relacionamentos por 1 mês. Ideia aprovada, partiram para a aventura.

Num determinado dia, recebi uma mensagem do André. Curta, objetiva, simpática. Então fui checar o perfil dele. Tinha tudo o que me interessava: alto (eu tenho quase 1,80 m e ele tem 1,95 m), olhos azuis (eu sempre tive um fraco por olhos azuis), formação similar à minha, falava idiomas, como eu... E um perfil claro, objetivo, sério e divertido ao mesmo tempo. Enfim, poderia ser "o cara".

Resolvi responder a mensagem, então (confesso que foi num momento em que eu estava verificando o site em média uma vez por semana e quase decidida a abandoná-lo de vez – ah, como sou grata a essa veia ariana que não me deixa desistir!).

Aí ocorreu algo divertido, porque sou meio durona e entramos numa negociação dentro do próprio site: ele queria meu e-mail e eu nem tinha visto a foto dele – é, o perfil dele não tinha foto. Então trocamos algumas mensagens negociadoras, do tipo: só te mando meu e-mail se você me mandar a sua foto. Foi hilário. Feitas as devidas "apresentações", ele me passou o e-mail oficial dele (Homens! Quase sempre desprevenidos...) e seu sobrenome italiano parecia japonês! Aí eu pensei: "ai, ai... esse cara diz que tem olhos azuis, 1,95 m e é japonês; está me enrolando...". Bom, vou pagar para ver – meu e-mail era falso mesmo...

Assim que entrei no MSN, começamos a conversar. E ele tinha uma foto genérica lá, acho que de um carro. Pedi que ele a trocasse por uma foto pessoal e fiquei mais tranquila: era exatamente como havia sido descrito. Imaginei que fosse ele mesmo.

Nos demos superbem desde o primeiro minuto. Era impressionante!

Então, começaram as coincidências: nós nascemos no mesmo ano, no mesmo mês, na mesma semana móvel (porque eu nasci numa sexta-feira e ele nasceu na terça-feira da semana seguinte)

Exemplos verídicos de finais felizes

e... pasmem: na mesma maternidade! Juro! Foi surpreendentemente assustador...

Depois, descobrimos um conhecido em comum e várias outras coincidências, do tipo: éramos quase vizinhos na infância, tínhamos carros da mesma marca ao mesmo tempo, aí trocamos os carros por outro similar, da mesma marca, depois mudamos de montadora simultaneamente, nossos rodízios eram no mesmo dia (o meu tinha acabado de mudar, o que foi ótimo, para não ficarmos presos nos mesmos dias) e nós dois éramos (e ainda somos) apaixonados pela Bolsa de Valores. Nós tínhamos vários livros em comum, conhecíamos alguns lugares em comum, não gostávamos muito de ver televisão (só noticiários, filmes...) e tínhamos os mesmos planos. Era como se ele fosse a minha versão masculina e vice-versa.

Então resolvemos nos conhecer pessoalmente, mas eu ia viajar com uma amiga para Nova Iorque, ela teve um imprevisto e eu acabei indo sozinha – mesmo sendo aquela a minha quarta viagem à cidade. E deixei o André se divertindo com as outras candidatas – corajosa, não?

No meio da semana ele me mandou um e-mail dizendo "volta logo que o terceiro mundo está sentindo a sua falta". Achei, no mínimo, divertido. Pelo visto a concorrência não estava agradando...

Voltei numa segunda-feira e nossas agendas não batiam – um dia eu tinha um compromisso, no outro era ele que não podia e, assim, nos arrastamos por uma semana.

Até que certo dia eu pensei: é hoje ou nunca! Era a segunda-feira seguinte à minha chegada e ele topou. Marcamos de nos encontrar num café no meio do caminho de nossas casas – eu morava na Zona Sul, ele, na Oeste, então nos encontramos no bairro dos Jardins, em São Paulo.

Antes de sair de casa, liguei para ele e perguntei se ele queria mesmo sair comigo sem ter me visto, porque eu tinha falado com ele várias vezes, ele usando a câmera e eu não. Ele só conhecia a minha voz e eu já o conhecia como a gente conhece os atores, sabe? Ali, na telinha, à sua frente... Tão mais fácil!

Bom, ele quis encarar o desafio. Frio na barriga total! Medo, medo, medo.

Cheguei ao café e vi um carro com as luzes acesas bem em frente – fiquei esperando que ele saísse para estacionar – depois, na hora de ir embora, descobri que era o André chegando, mas, quando me viu (me reconheceu pela foto e acho que imaginou que poderia ser eu), deixou a vaga para mim. Quanto cavalheirismo!

Entrei no café e ele não estava (lógico, tinha ido procurar outra vaga para estacionar). O que fazer? Peguei uma mesa. Mas estava inquieta e fui ver as revistas. Estava agachada, vendo o revisteiro, quando ouvi um "oi" – levantei os olhos e vi aquele homem comprido que não acabava mais, com o sorriso mais perfeito do mundo no rosto. Lindo! Adorei...

Ficamos conversando por 3 horas e meia e beliscamos algo; era conversa que não acabava mais. Sempre ouvi dizer que temos que casar com alguém com quem gostemos de conversar porque, no futuro, é isso que resta (não em tempos de Viagra, mas eu gosto dessa teoria). E até hoje conversamos muito, sobre qualquer assunto.

Acho que nem preciso dizer que nos apaixonamos, não é? Ah, eu já estava tão apaixonada, que em Nova Iorque pensava nele sem nunca tê-lo visto. Até já tinha uma música que me fazia lem-

Exemplos verídicos de finais felizes

brar dele. Coisas inexplicáveis, que muitos consideram loucura, mas só quem passa por elas consegue acreditar.

O André mesmo, que é uma pessoa extremamente racional e não acredita em sinais etc., disse que quando viu a minha foto, sentiu algo especial e, mesmo antes de falar comigo, sabia que eu seria a mulher dele. Inclusive, brincávamos de nos chamar de marido e mulher antes mesmo de termos nos visto! Era tão natural...

Nós somos tão almas gêmeas, que mais de vinte pessoas já disseram que somos parecidos (fisicamente falando) e umas três já perguntaram se somos irmãos (eu, como não perco a piada, digo que sim, gêmeos – e dou-lhe um beijo na boca, deixando todos escandalizados!).

Depois de 3 meses e meio, houve uma infiltração no apartamento dele e a necessidade de uma reforma. Então ele começou a ficar no meu apartamento. Afinal, usamos a desculpa de que era mais perto do trabalho dele. Quando a reforma acabou, ele não queria voltar pra casa dele e eu não queria que ele saísse da minha. E foi assim que se iniciou a nossa união, que já dura mais de 3 anos...

Depois de alguns meses, mudamos para o apartamento dele e é onde estamos até hoje – bem, talvez você só leia este livro daqui a algum tempo e poderemos estar bem longe daqui. Quem sabe até em outro país? Só espero que juntos!

A vida, que nos foi dada quase que simultaneamente, na mesma maternidade, nos reuniu, graças à internet, 34 anos depois. Valeu cada segundo de espera!

Parece até que servimos de inspiração para a música tão conhecida na voz de Cazuza: "Nossos destinos foram traçados na maternidade..."

Exemplo básico de perfil de site de Relacionamentos

Foto principal

Apelido
Frase de abertura

Foto adicional **Foto adicional** **Foto adicional** **Foto adicional** **Foto adicional**

(quantidade permitida varia de site para site)

Dados básicos (dados da pessoa mais questões de múltipla escolha)   *Sobre mim* | *Sobre meu parceiro*

Idade: | (você seleciona uma faixa, ex: 20 a 28 anos)
Cidade, Estado, País: | (você seleciona as cidades de onde quer o parceiro/a)
Sexo: | (você seleciona o sexo de seu parceiro)
Estado Civil: | (você seleciona se quer pessoas solteiras, casadas...)
Busco: (homens, mulheres, ambos) | (você seleciona a preferência sexual do parceiro)
Tipo de relacionamento: (amizade, namoro, sexo...) | (você seleciona o objetivo do parceiro)
Altura: | (você seleciona uma faixa, ex: de 1,70m a 1,80m, ou não preenche)
Peso: | (idem – também pode deixar em branco, não preencher = "não faz diferença")
Tipo físico: | (pode selecionar vários ou deixar em branco)
Cor da pele: | (idem)
Cor dos olhos: | (idem)
Cor do cabelo: | (idem)
Comprimento: | (idem)
Barba/Bigode: | (você seleciona se quer alguém com estas características)

Informações gerais (questões de múltipla escolha, na maioria informa-se a frequência também)   *Sobre mim* | *Sobre meu parceiro*

Religião:
Esportes:
Bebidas:
Fumo:
Escolaridade:
Preferência Política:
Hobbies:
Renda:
Filhos:
Idiomas:
Moradia:
Pontos fortes:
Personalidade:
Tatuagem/Piercing:

Apresentação Pessoal (texto livre, com limite de caracteres)
Descrição do Corpo (texto livre, com limite de caracteres)
Interesses (música, gastronomia, viagens, leitura, filmes...) – (questões de múltipla escolha, que também podem ser respondidas com relação ao parceiro)
Descrição de quem busca (texto livre, com limite de caracteres)